귀곡자 교양강의

귀곡자 교양강의

심의용 지음

2011년 9월 5일 초판 1쇄 발행
2020년 9월 14일 초판 3쇄 발행

펴낸이 한철희 | 펴낸곳 돌베개 | 등록 1979년 8월 25일 제406-2003-000018호
주소 (10881) 경기도 파주시 회동길 77-20 (문발동)
전화 (031) 955-5020 | 팩스 (031) 955-5050
홈페이지 www.dolbegae.co.kr | 전자우편 book@dolbegae.co.kr
블로그 imdol79.blog.me | 트위터 @Dolbegae79 | 페이스북 /dolbegae

책임편집 조성웅·이경민
편집 이경아·최혜리·소은주·이현화·권영민·김태권·김진구·김혜영
표지디자인 이은정 | 본문디자인 박정영
마케팅 심찬식·고운성·조원형 | 제작·관리 윤국중·이수민 | 인쇄·제본 한영문화사

ISBN 978-89-7199-436-8 04150
ISBN 978-89-7199-347-7 (세트)
책값은 뒤표지에 있습니다.

이 도서의 국립중앙도서관 출판시도서목록(CIP)은 e-CIP 홈페이지
(http://www.nl.go.kr/cip.php)에서 이용하실 수 있습니다.(CIP제어번호: CIP2011003596)

귀곡자 교양 강의

강자를 이기는 약자의
정치 전략과 언어 기술

심의용 지음

돌베개

추천의 말

과거, 현재 그리고 미래와
소통하기 위한 고전 읽기

　고전은 언어와 같습니다. 언어를 모르면 대화할 수 없습니다. 과거와 대화할 수 없고 동시대의 사람들과도 대화하지 못합니다. 고전은 또한 인류가 쌓아온 지적 유산입니다. 지적 유산은 현재의 토대이며 미래의 디딤돌이 됩니다. 현재를 알기 위해서, 그리고 미래를 모색하기 위해서 고전에 대한 이해는 꼭 필요합니다. 시간의 강물은 미래에서 흘러와서 현재를 거쳐 과거로 사라지는 것이 아니라 반대로 과거로부터 흘러와 현재를 거쳐 미래로 나아가는 것이라 해야 합니다. 그렇기 때문에 현재를 'A'라고 한다면 미래는 '非A'라 할 수 있습니다. 현재의 모순과 갈등을 지양한 '새로운 현재'가 곧 미래입니다. 미래는 오늘과 질적으로 판이한 B, C, D일 수는 없습니다. 미래는 오래된 미래(ancient future)입니다. 과거, 현재 그리고 미래와 소통하기 위해서도 고전 공부는 반드시 필요합니다.

　그러나 막상 고전을 공부하려고 할 때 우리는 마치 태산준령 앞에서 호미 한 자루로 서 있을 때의 막연함을 느끼지 않을 수 없습니다. 수천 년 동안 쌓아온 지적 남구를 어디서부디 이떻게 시작해야 할 것인가를 고민하지 않을 수 없습니다. 원전原典도 많지만 연구서는 더욱 많습니다. 첩경捷徑이 있을 리 없습니다. 이 경우 우리가 고민해야 하는 것이 바로 고전에 대한 독법讀法입니다. 독법이란 고전을 어떤 관점에서 접근할 것인가 하는 참여점(entry point)의 문제입니다. 동시에 어떠한 문제의식을 가지고 고전을 읽을 것인가 하는 물음이기도 합니다. 고전 공부는 고전에 관한 지식을 습득하는 것이 아니라 '고전에서' 배우는 것이 중요합니다. 어떠한 과거를 기억하고 어떠한 과거를 망각할 것인가 하는 이른바 기억투쟁記憶鬪爭이 어느 시대에나 치열한 사상사思想史의 쟁점이 되어왔던 이유도 다르지 않습니다. 역사는 다시 쓰는 현대사입니다. 수많은 사실事實은 재구성됨으로써 사실史實이 됩니다. 오늘날 고전의 반열에 올라 있는 숱한 고전들 역시 각 시대가 선택하고 구성한 것입니다. 그만큼 독법은 중요합니다.

문제는 오늘날 우리가 고민해야 하는 관점이 과연 무엇인가에 있습니다. 물론 우리가 당면하고 있는 과제 역시 단일하지 않고 개개인의 이유理由 역시 다양할 수밖에 없습니다. 그렇기 때문에 고전 공부에 대한 이와 같은 어려움을 다소라도 덜기 위해서는 독법이 분명한 해설서를 먼저 읽는 것도 좋은 방법의 하나라 하겠습니다. 자신의 관점에서 고전을 재구성하고 있기 때문에 비록 저자의 관점과 독법에 충분히 동의할 수 없는 경우라 하더라도 최소한 고전 공부에 대한 새로운 경로를 탐색할 수 있기 때문입니다. 더구나 우리는 그동안 고전에 대한 우리의 독법을 키워오지 못했던 것이 사실입니다. 유럽과 중국의 문맥文脈에 갇혀 있고, 근대近代의 문맥에 갇혀 있는 것이 사실입니다. 고전 공부는 그것을 통하여 우리가 갇혀 있는 문맥을 뛰어넘지는 못한다 하더라도 최소한 우리가 어떠한 문맥에 갇혀 있는가를 성찰할 수 있어야 할 것입니다.

'동양고전강의' 시리즈는 이러한 문제의식에 충실한 기획이라고 할 수 있습니다. 『사기』, 『손자병법』, 『논어』 등 고전의 반열에 올라 부동의 지위를 차지하고 있는 책들을 대상으로 하되 고전에 대한 새로운 관점과 독법을 중요한 기준으로 삼고 있습니다. 뿐만 아니라 널리 알려진 대가들의 저작보다는 각 분야에서 새로운 관점과 뛰어난 연구업적을 쌓아온 연구자들의 저작과 강의를 중심으로 엮고 있습니다. 그만큼 이제까지 우리가 갖고 있던 안이한 독법을 반성하게 하리라 기대합니다. 인류사의 지적 탐구와 소통한다는 것은 곧 고전의 부단한 재조명과 새로운 독법의 창안이 아닐 수 없습니다. 미래에 대한 실천적 모색 역시 이러한 창조 공간에서 비로소 이어질 수 있을 것입니다.

개인적으로는 『강의』에서 '나의 동양고전 독법'을 개진했던 필자로서 이러한 후속 기획이 이루어진다는 것이 한편으로는 기쁘기도 하고 또 한편 책임감을 느끼지 않을 수 없습니다. 독자 여러분의 현독賢讀을 기대합니다. 독서는 삼독三讀입니다. 먼저 텍스트를 읽고 다음으로 그 텍스트의 필자筆者를 읽고 마지막으로 독자인 자기 자신自己自身을 읽는 것이기 때문입니다.

성공회대학교 석좌교수
신영복

프롤로그

리더를 움직이려는 팔로어를 위한 유세술

"전체주의는 폭력을 휘두르고 민주주의는 선전을 휘두른다"라고 말한 이는 노암 촘스키입니다. 전쟁의 폭력과 언어의 선전은 이처럼 다른 듯 유사한 면모를 지니고 있습니다. 중국 고대의 사상 속에서도 병법兵法과 시詩는 매우 밀접합니다. 시는 언어의 최고의 경지라 할 수 있습니다. 시적 능력은 지식인뿐 아니라 정치 관리가 반드시 배워야 할 항목이었습니다. 공자가 제자에게 왜 시를 배우지 않느냐고 다그칠 정도였습니다.

여기서 시는 단순히 음풍농월의 낭만적 감성을 표현하는 기술만을 의미하지는 않습니다. 시 속에는 진정한 뜻을 상대에게 완곡하게 암시하고 감동적으로 전달하는 미묘하면서도 날카로운 칼이 감춰져 있었습니다.

병법이 병사의 배치라면 시는 언어의 배치입니다. 병법이 치밀한 전략으로 적을 굴복시키듯이 시는 언어의 기교로 독자를 감동시킵니다. 전략을 적에게 들키면 전쟁에서 패하는 것처럼 언어의 기교도 조악하고 유치하면 사람을 감동시키지 못합니다.

귀곡자鬼谷子는 유세의 기술을 가르쳤습니다. 유세의 기술에는 병법의 전략과 시의 미묘함이 밀접하게 연관됩니다. 중국 고대 유세술은 고대 그리스의 수사학修辭學과 통하는 면이 있습니다. 정치적 기술로서의 웅변술이기 때문입니다. 플라톤은 이를 기만적 화장술이라고 비난했고 공자는 교묘한 말재주라고 혐오했습니다. 그러나 귀곡자는 유세를 상대를 감동시켜 설득하는 기술로 정의합니다.

어떤 것이든 양면이 있습니다. 칭찬의 기술도 아름다운 미덕이지만 잘못 사용하면 기만적 사기술이 될 수도 있습니다. 칭찬은 고래도 춤추게 한다고 하지만 고래는 춤추고 싶지 않았는지도 모릅니다. 타인의 칭찬 때문에 어쩔 수 없이 춤을 추게 되었다면 그건 고역이 아닐까요.

유세의 기술도 그러합니다. 플라톤과 공자가 혐오했던 것은 그런 기만적 행위와 위선에 대한 문제입니다. 그러나 그렇다 해도 그런 기술을 무시해서는 안 됩니다. 사기꾼의 기만에 속아 넘어가지 않기 위해서라도, 현실에서 효과적인 결과를 이루어내기 위해서도 잘 알아야 합니다.

그래서 귀곡자는 정교한 전략과 미묘한 언어라는 장치를 통해 상대를 감동시켜 설득하는 유세의 기술을 이야기합니다. 핵심은 음모입니다. 음모의 사전적인 정의는 상대가 모르게 꾸민 사악한 꾀를 가리키지만, 귀곡자는 상대가 자신이 설득당하고 있음을 알지 못하면서도 설득되도록 만드는, 얼핏 보면 모순적인 설득을 강조합니다.

우주선이 대기권을 날 때는 저항이 일어납니다. 저항은 세상 어디에나 있습니다. 인간의 심리도 예외는 아닙니다. 특히 말하는 사람의 의도와 기교가 서투르게 들켰을 때 듣는 사람에게 일어나는 저항은 불쾌감까지 동반하지요. 인간의 심리에서 일어나는 저항은 미묘하여 현실적 효과의 발생을 막는 장애가 됩니다.

조개껍질을 억지로 열려고 하면 할수록 더욱더 열리지 않듯이 인간의 마음은 건드리면 건드릴수록 열리지 않습니다. 그러나 조개껍질을 소금물에 넣으면 힘들이지 않고도 쉽게 열립니다. 음모는 심리적 저항을 느끼지 못하게 하면서도 현실에서 어떤 효과를 발생시키는 기술입니다.

역사적으로 유학자는 이런 귀곡자를 교활하다고 비난했습니다. 공자로 대표되는 유가적 정체성의 핵심은 인간의 도덕성에 대한 믿음이라고 할 수 있을 것입니다. 유가는 정치 지도자에게 도덕성을 요구했고 이 순수하고 낙관적인 믿음을 버리지 않았습니다.

그러나 귀곡자는 무소불위의 권력을 휘두르는 군주에게 섣불리 도덕성을 호소하기보다 정교한 전략과 섬세한 언어로 군주를 설득하고 자신이 원하는 방향으로 이끄는 방법을 알려줍니다. 그런 의미에서 귀곡자의 학설은 전제 군주가 부국강병을 위해 싸웠던 전국 시대에 군주를 설득해서 세상의 이익을 도모하려 했던 신하의 전략학이자 수사학입니다.

흔히 도덕과 정치는 일치해야 한다고 말합니다. 물론 도덕은 정치의 바탕이 되어야 합니다. 그러나 도덕적 신념과 그것을 실현하는 기술은 구별해야 합니다. 정치에 대한 혐오 때문에 도덕과 정치의 일치를 주장하는 사람은 정치 기술을 교활한 기만술로 보고 부정합니다. 하지만 언제 어디에서든 저항이 발생하는 현실에서 도덕적 신념을 실현하기 위해서는 정교한 정치 기술도 필요합니다.

귀곡자가 말하는 기술은 그런 정치 기술 가운데 하나이며, 수사 능력과 전략 주도권을 다룹니다. 어떻게 타인에게 영향을 미칠 것이며 현실을 변화시킬 수 있는 작용은 어떻게 가능한지를 논증하는 것입니다.

도덕적 신념 없이 천박한 욕망을 숨긴 채 현실적 정교함만을 가진다면 교활한 사기꾼이 될 것입니다. 하지만 현실적 정교함 없이 도덕적 힘만을 과시하면 그것은 자신뿐 아니라 세상에 재앙을 주는 어리석은 악덕이 될 수도 있고 더 나아가 폭력이 될 수도 있습니다. 도덕에 대한 지나친 기대와 요구는 증오를 낳습니다. 증오 위에는 아무것도 세울 수 없습니다.

전국 시대에 이런 정교한 전략과 수사 능력을 발휘해 천하를 움직였던 이들이 종횡가縱橫家입니다. 그리고 종횡가의 대표적인 인물인 소진蘇秦과 장의張儀는 귀곡자로부터 배웠습니다. 흔히 종횡가는 권모술수와 교묘한 말재주로 천하의 권력을 장악하고 군주를 농락하면서 자신의 이득을 추구했던 집단으로 평가됩니다.

그러나 종횡가는 당시 정치에서 뛰어난 현실 감각으로 큰 영향력을 발휘했을 뿐 아니라, 주관적 도덕성에 집착하거나 귀족적 신분 질서에 얽매이지 않고 객관적이고 사회과학적인 사고와 기술을 통해 현실 개혁과 진보를 이룬 행동하는 집단이었습니다. 이것이 종횡가의 역사적 기여입니다.

현대는 권력을 쥔 리더의 역할과 도덕성에만 의지해 사회의 변화를 기대하기에는 너무 복잡합니다. 단지 리더의 기능에만 의지할 때, 사회의 비용 부담과 위험은 커집니다. 절대 권력이 사라진 시대에, 도덕성을 완비한 지도자가 등장하거나 절대 권력을 쟁취하는 것만으로 세상은 바뀌지 않습니다. 오히려 권력을 압박해 권력의 균형을 이루어낼 수 있는 약자의 연대와 전략이 필요합니다.

그래서 세상을 바꾸기 위해 귀곡자는 조개껍질을 소금물에 넣는 방법을 택합니다. 물론 조개껍질을 망치로 부술 수도 있습니다. 현실 정치에서도 분명 망치가 필요할 때가 있습니다. 귀곡자도 망치가 필요한 때를 말하지 않은 것은 아닙니다. 그러나 항상 그러지는 않았습니다. 망치는 역사적으로 매우 드문 정치적 해결 방식입니다.

그가 강조한 것은 강제적인 폭력이 아니라 오히려 의식되지 않았던 영향력입니다. 그것을 진리나 도덕이라고 말할 수도 있겠지요. 그러나 단지 진리나 도덕만으로 모든 것이 해결되지 않았던 것이 현실입니다. 또 운명을 탓하고 있을 수만도 없는 것이 현실입니다. 귀곡자는 어떤 기대나 이념, 집착을 버리고 먼저 냉정하게 이 현실을 직시하고 경청하라고 말합니다. 현실에 대한 객관적이고 치밀한 인식이 문제를 풀 수 있는 단서이며, 낙관도 비관도 하지 않고 현실적 조건으로부터 시작하려는 냉정한 자세가 문제 해결의 출발점이기 때문입니다.

『논어』論語「자한」子罕 편에서 공자의 제자 가운데 가장 현실적이었던 자공子貢은 스승에게 이렇게 완곡하게 물었습니다.

여기 아름다운 옥이 있는데 상자에 넣어서 보관하시겠습니까, 아니면 좋은 상인을 만나서 파시겠습니까.
有美玉於斯, 韞匵而藏諸, 求善賈而沽諸.

옥과 같이 아름다운 능력을 가진 분이 왜 현실 정치에 참여하지 않느냐고 공자의 마음을 떠본 것입니다. 물론 공자의 대답은 긍정적입니다.

팔 것이다! 팔 것이다! 그러나 나는 좋은 상인을 기다리고 있다.
沽之哉! 沽之哉! 我待賈者也.

좋은 상인을 기다리는 이유는 돼지에게 진주목걸이를 줄 수 없기 때문입니다. 진주목걸이를 알아볼 수 있는 현군賢君, 도덕적인 군주를 기다린다는 말이지요. 그러나 문제는 시장 바닥의 현실에는 돼지가 많다는 점입니다. 그렇다면 자공은 속으로 이렇게 말하지 않았을까요? 언제까지 기다리실 겁니까?

차례

프롤로그 _008

제1강 **귀곡자는 누구인가**

귀곡자는 실존 인물이다 _019   고대 중국 외교관들의 교과서 『귀곡자』 _023
『귀곡자』의 진위 문제 _028   귀곡자를 어떻게 볼 것인가 _031

제2강 **공자는 왜 실패했는가**

분노와 증오의 대화술 _037   정치와 말의 힘 _039   진리의 폭정 _045
저항과 흔적 _047   저항을 줄이는 전략 _050

제3강 **귀곡자와 수사학**

정치 기술로서의 수사학 _059   시적 표현으로서의 수사학 _063
암시와 여백의 수사학 _069

제4강 **귀곡자와 마키아벨리**

은둔인가 죽음인가 _077   마키아벨리와 현실 정치 _079
순진한 미덕보다 융통성 있는 악덕이 아름답다 _086
모든 신하를 위한 신하론 _092

제5강 　보이지 않는 장치

보이지 않는 장치_101 　음모의 기원_103 　음모의 정치적 맥락_106
상대의 힘을 역이용할 수 있는 장치_111 　음모의 전략적 효과_115

제6강 　설득의 기술

말하는 사람은 죄가 없고 듣는 사람은 깨닫는다_121 　역린逆鱗_124
태괘兌卦와 유세_128 　유세의 방식_132

제7강 　유세의 노하우, 패합술

프레임 전쟁_141 　부각과 은폐_145
솔직함이 전부는 아니다_148 　전략적 모호함_155

제8강 　유세의 노하우, 췌마술

문제는 정보다_163 　췌마술_166
우회 전략_170 　무정한 사람_176

제9강 　때가 무르익었으면 혁명하라

틈새_183 　실재계의 침입_186 　그럴 리가 없다_189
때가 무르익었으면 혁명하라_195 　위기란 기회이다_198

에필로그_202
부록 귀곡자 원문과 해석_209

제1강

귀곡자는 누구인가

귀곡자는 실존 인물이다

귀곡자鬼谷子는 우리에게 친숙한 공자孔子나 맹자孟子와 같은 중국 고대 철학자에 비해서 잘 알려지지 않은 인물입니다. 그러나 친숙하지 않기 때문에 별로 중요하지 않은 인물이라고 생각해서는 안 됩니다.

물론 귀곡자에 관한 연구가 활발하게 이루어지지 않은 이유가 없지는 않습니다. 많은 유학자가 귀곡자를 권모술수와 모략을 가르치는 술수가라고 부정적으로 보았으니까요.

당나라 유종원劉宗元은 "그 말이 매우 기괴하고 그 도리가 대단히 좁아 사람을 미치게 하고 원칙을 잃어버리게 한다"라고 폄하했고, 명나라 송렴宋濂은 "귀곡자가 말하는 패합술捭闔術과 췌마술揣摩術은 모두 소인의 쥐새끼 같은 꾀로서 집에 쓰면 집안이 망하고 나라에 쓰면 나라가 망하며 천하에 쓰면 천하가 망한다"라고 혹평했습니다.

『귀곡자』鬼谷子는 정통 지식인에게 읽혀 전해진 것이 아니라 민간에서 도교道敎나 점치는 일과 관련해 전해졌습니다. 또한 후대에 가짜로 만든 책(僞書)이라는 주장도 있습니다.

귀곡자라는 인물 자체에 대해서도 이견이 분분합니다. 그는 상당히 신비에 싸여 있는데, 전설에 따르면 성은 왕王이고 이름은 후詡입니다. 흔히 세속을 떠나 은둔한 신선으로 묘사되는 경우가 많습니다.

대표적으로 동진東晉 시대의 곽박郭璞은 귀곡자를 은사隱士로 묘사합니다. '귀곡'鬼谷이라는 곳에 은거한 은둔자라는 말입니다. 곽박은 「유선시」游仙詩에서 귀곡자의 모습을 다음과 같이 묘사합니다.

푸른 계곡이 천여 길인데
그 안에 도사 한 사람.
들보와 기둥 사이로 구름이 피어오르고
창문과 문 사이로 바람이 불어 나온다.
이 사람이 누구인가 물으니
귀곡자라고 하더군.
우뚝한 발자취로 영양을 기원하고
강에 이르러 귀를 씻을까 생각했지.

여기서 '영양'穎陽은 은둔자로 유명한 소보巢父와 허유許由가 은둔했던 영수穎水의 북쪽을 가리킵니다. 영수는 허유가 귀를 씻었다는 고사로 유명한 개울 이름입니다. 그런데 귀를 왜 씻으려 했을까요?

요堯 임금이 천하를 허유에게 물려주려 했는데 그 소식을 들은 허유는 더러운 말을 들었다며 귀를 물에 씻었습니다. 또 친구인 소보는 허유가 영수에서 귀를 씻은 사연을 듣고 키우던 소에게 그런 더러운 물을 먹일 수 없다며 상류로 올라갑니다.

천하의 왕이 되기보다 세속에서 벗어나 홀로 도를 즐기겠다는 은둔자의 이야기입니다. 곽박은 귀곡자를 소보와 허유 같은 은둔자로 생각했던 것입니다. 이러한 전설과 같은 이야기는 요즘의 중국에서 나온 연구 성과에 근거해 말씀드리면 모두 후대 사람이 지어낸 이야기일 뿐입니다.

현존하는 자료 가운데 귀곡자에 대해 기록된 가장 이른 시기의 자료는 서한西漢 시대 사마천司馬遷의 『사기』史記입니다. 그중 「소진열전」蘇秦列傳과 「장의열전」張儀列傳에는 각각 다음과 같은 기록이 있습니다.

> 소진은 동주 낙양 사람으로 동쪽 제나라에서 스승을 구했고 귀곡자에게 배웠다.
> 蘇秦者, 東周雒陽人也, 東事師於齊, 而習之於鬼谷先生.

> 장의는 위나라 사람이다. 처음에는 소진과 함께 귀곡자를 섬겼다.
> 張儀者, 魏人也. 始嘗與蘇秦俱事鬼谷先生.

소진蘇秦과 장의張儀는 종횡가縱橫家로 유명한 사람입니다. 이 기록에 근거하면 귀곡자는 전국戰國 시대에 유명했던 소진과 장의의 스승입니다. 사마천은 귀곡자가 실존 인물이고 소진과 장의의 스승이었다는 사실을 의심하지 않았습니다.

현대 중국의 학자 쉬푸훙許富宏은 사마천의 이런 생각이 동한東漢 시대 양웅揚雄의 『법언』法言과 왕충王充의 『논형』論衡에까지 내려올 뿐 아니라 시대적으로도 당나라 말기까지 이어진다고 봅니다. 그러니까 당나라 말기까지의 학자들은 귀곡자가 실존 인물로서 종횡가인 소진과 장의의 스승이었음을 역사적 사실로 인식하고 있었다는 것입니다.

그러나 위진魏晉 시대 이후로 신비한 색채가 덧씌워졌습니다. 대표적으로 아까 말씀드린 동진 시대 곽박은 귀곡자를 신선술神仙術과 관련된 은둔자로 묘사합니다. 쉬푸훙은 전국 시대에도 귀곡자가 있었지만 동진 시대에도 귀곡자가 있었다고 보고 두 인물은 같은 사람이 아니라고 봅니다. 이로부터 신선술과 관련된 신비한 색채가 덧붙여진 이야기가 만들어지게 됩니다. 그러나 『귀곡자』를 읽어보면 세상에 은둔해 신선이 된다는 내용은 전혀 없습니다.

송나라에 이르러 유종원은 귀곡자라는 인물이 실존 인물인지를 의심하고 『귀곡자』라는 문헌에 대해 회의합니다. 이후로 이런 분위기는 이어집니다. 설득력 있는 주장이라고 생각합니다.

귀곡자는 전국 시대 중기에 실존한 인물입니다. 여러 문헌을 비교하고 연대를 측정한 결과 귀곡자는 대체로 기원전 400년에서 기원전 320년 사이에 활동한 사람으로 추측됩니다. 제나라 임치臨淄의 직하학파稷下學派의 선생이었을 가능성도 있습니다.

제나라에서는 수도 임치의 직문稷門 아래에 학문의 토론장을 세워놓고 훌륭한 선비를 초빙해 우대했는데, 여기에 모인 사람들을 직하학파라고 불렀습니다. 맹자도 머물렀다고 하는 곳으로, 순자荀子가 지금 대학의 총장격인 좨주祭酒를 두 번이나 지냈던 학문의 중심지였습니다. 천하의 지식인이 다 모였다고 해도 과언이 아닙니다. 어쩌면 소진과 장의가 가르침을 받았을 때 귀곡자는 직하에 있었을지도 모릅니다.

『사기』「전경중완세가」田敬仲完世家에는 직하의 학사는 "정치에는 참여시키지 않고 학문적인 논의만을 했다"(不治而議論)라는 말이 있습니다. 그렇다면 귀곡자도 정치 일선에 나가지는 않고 학문과 교육에 힘쓰다가 말년에 은거했을 가능성이 높습니다.

귀곡자의 실존 여부 외에 또 하나 간단하게 지적하고 넘어갈 것은 병법兵法으로 유명한 손빈孫臏과 방연龐涓이 귀곡자로부터 배웠다는 주장입니다. 그러나 『사기』「손자오기열전」孫子吳起列傳에는 "손빈과 방연이 함께 병법을 배웠다"(孫臏嘗與龐涓俱學兵法)라고 되어 있지 귀곡자를 언급하지는 않았습니다.

이 문제에 대해 그들이 귀곡자의 제자였다고 논증하는 학자도 있고 아니라고 주장하는 학자도 있습니다. 그러나 귀곡자가 손빈과 방연의 스승인지 여부와 관계없이 『귀곡자』의 내용이 병법과 상당히 밀접한 것은 사실입니다. 필자는 이 점에 주목해 귀곡자를 병법과 연결 지어 설명할 예정입니다.

여러 학파와 연결시켜 설명되기도 하지만 귀곡자가 병법과 관련된 것은 분명합니다. 도교나 신선술과 연결해서 귀곡자를 논의하는 것은 위진 시대에 나온 이야기입니다. 결국 귀곡자는 전국 시대에 실존했던 인물로 종횡가와 밀접하게 관련된 사람입니다.

종횡가는 당시 가장 현실적인 정치 능력을 지닌 사람들로 천하의 형세를 좌지우지했습니다. 그들은 정치적 전략가였으며 국제 외교 협상가였고, 언변이 뛰어난 유세가遊說家, 즉 웅변가였습니다.

고대 중국 외교관의 교과서 『귀곡자』

『귀곡자』는 전국 시대 종횡가와 밀접하게 관련이 있는 문헌입니다. 『한서』漢書「예문지」藝文志에서는 종횡가를 이렇게 평가합니다.

> 종횡가의 유파는 행인의 관직으로부터 나왔다. …… 그 말이 상황에 합당했고 임기응변으로 일을 마땅하게 처리했다. 군주의 명령을 받되 구체적인 행동 명령은 받지 않았다. 이것이 이들의 장점이다. 그러나 나쁜 의도를 가진 사람이 이를 행하면 사기술만을 숭상하고 신의는 저버린다.
> 縱橫家者流, 蓋出於行人之官. …… 言其當權事制宜, 受命而不受辭, 此其所長也, 及邪人爲之, 則上詐諼而棄其信.

마지막 구절은 특히 유심히 살필 필요가 있습니다. 이 대목을 보면 종횡가의 행동이나 언어 기술이 사기술과 권모술수처럼 의식되었던 것은 분명합니다.

그러나 주목할 사실은 이것입니다. 『한서』「예문지」에는 종횡가가 춘추春秋 시대 행인行人이라는 외교 관직에서 나왔다고 기록되어 있습니다. 『주례』周禮「추관」秋官을 보면 대행인大行人과 소행인小行人을 구분해, 대행인은 왕조의 모든 외교 업무를 총괄하고 소행인은 구체적인 일들을 맡는다고 설명되어 있습니다.

춘추 시대의 행인은 귀족 계급의 경대부卿大夫가 담당했지만, 전국 시대에 와서는 신분이 낮더라도 말재주와 정치 능력이 있어 군주의 신임을 얻으면 지낼 수 있는 관직이었습니다.

이러한 시대의 변화 속에서 종횡가는 언어의 힘과 정치 능력으로 귀족 세습 제도를 뛰어넘어 지식인으로서 정치 무대에 올라가 국가 관리에 참여한 사람들입니다. 또한 군주의 신임 아래에서 최고의 지위를 누리면서 사회 개혁을 도모하기도 했지요. 상당히 진보적인 사람들이 아니었을까요? 대표적 인물로 전국 시대 종횡가의 원조격인 자산子産이나 자공子貢이 있습니다.

『수서』隋書「경적지」經籍志에는 종횡가를 "변론과 연설을 잘하고 외교 문서를 잘 지어 위와 아래의 뜻을 소통시킬 수 있었다"(所以明辯說, 善辭令, 以通上下之志者也)라는 평가가 있습니다. 천자와 제후 사이, 제후와 제후 사이를 소통시킬 줄 아는 사람들이라는 말입니다.

소통시킬 줄 아는 사람이라는 말은 설득의 기술을 가진 협상가라는 뜻이기도 합니다. 협상가가 단지 이해관계만을 조절하는 것은 아닙니다. 논쟁을 해결해 합의점을 이끌어내기도 하고 여러 이해관계를 만족시킬 수 있는 타협점을 도출해내기도 합니다. 정치 영역에서 몹시 중요한 능력입니다.

이는 전쟁이라는 폭력을 억제하면서 언어의 힘으로 정치력을 발휘했다는 의미이기도 합니다. 이런 점에서 볼 때『귀곡자』는 행인이라는 외교관의 실제 정치 업무를 바탕으로 오랫동안 누적된 노하우가 쌓여 이론화된 문헌이라고도 볼 수 있습니다.

귀곡자와 종횡가의 관계를 이해하기 위해서는 먼저 전국 시대라는 상황을 살펴보아야 합니다. 전국 시대는 글자 그대로 전쟁의 시대였습니다. 전통이 무너진 혼란의 시대지만 동시에 새로운 사상이 태동할 수 있는 가능성의 시대이기도 했습니다. 제자백가諸子百家는 이러한 시대적 조건에서 나왔다고 보아야 합니다.

춘추 시대에는 전차가 군대의 핵심적인 장비로 전쟁의 주요 수단이었습니다. 전쟁의 규모도 크지 않았을 뿐 아니라 군례軍禮라는 전쟁의 예절도 있었습니다. 그리나 전국 시대 이후로는 철기 문화가 발달하면서 기마 부대 등 전쟁의 수단이 다양해졌습니다. 더구나 농민까지 전쟁에 참가시키면서 전쟁의 규모도 커졌고 군례도 무너졌습니다.

그러면서 군사력만이 아니라 다양한 군사 전략과 전술도 발전하게 되었습니다. 또 전쟁을 통해 각 나라의 경제나 정치, 외교 등 여러 분야가 발달하고 다양한 개혁이 일어났습니다. 군사 전쟁이 정치와 외교 전쟁으로 변화한 것이지요.

이런 상황에서 정치 외교 능력을 발휘한 사람들이 종횡가입니다. 그들은 천하의 형세를 잘 알고 여러 나라의 정치 상황과 군사 역량 등에 해박한 정보와 지식을 갖고 있었습니다. 그런 정보와 지식을 바탕으로 그들은 각 나라 사이를 분주하게 다니며 주도면밀한 사유와 교묘한 말재주를 수단 삼아, 제후들에게 유세하고 전략을 세움으로써 전쟁이라는 폭력보다 언어의 힘으로 천하의 질서를 바로잡았던 것입니다. 무인武人의 시대가 아니라 전략가와 웅변가의 시대가 된 것이지요.

종횡가가 주장했던 합종연횡도 무력에 의한 전쟁이 아닌, 전쟁을 하지 않고 문제를 해결하려는 외교 전쟁이었으며 국가 내부 정치 투쟁의 한 형식이었습니다. 현실의 문제를 폭력적인 방식이 아니라 언어와 정치적 기술로써 가장 능동적이고 직접적으로 해결하려 했던 정치 활동이기도 합니다.

유향劉向이 『전국책』戰國策 서문에서 "맹자와 순자 등 유술儒術의 지식인은 세상에서 버려졌지만 유세와 권모술수의 전략을 가진 집단은 세상에서 귀하게 여겨졌다"(故孟子孫卿儒術之士, 棄捐於世, 而游說權謀之徒, 見貴於俗)라고 말했듯, 당시 종횡가는 현실적인 실천성과 영향력이 강한 집단이었다고 할 수 있습니다.

종횡가는 실제로 춘추전국시대에 중요한 역할과 기능을 했던 사람들입니다. 종횡가의 활동 내용은 『전국책』에 자세하게 나와 있지만, 그들의 이론은 『귀곡자』를 보아야 알 수 있습니다. 『귀곡자』는 종횡가의 교과서였기 때문입니다.

　귀곡자는 유연성과 다양성을 존중하는 전략적 사고를 했던 사람으로, 도덕이나 진리를 강제하기보다는 설득을 통해 소통하는 유세술遊說術을 강조했습니다. 이 유세술은 단지 언어적인 기술이 아니라 상대의 감정과 심리 및 현실 상황과 주변 세력을 이용하는 기술이기도 합니다. 상대의 심리를 이용한 설득은 단지 상대의 주관적 도덕성에 호소하는 것이 아니라 객관적인 조건에 의해 설득을 유도해냅니다. 이는 현대적인 의미에서 보면 사회과학적 사고에 해당합니다.

　『귀곡자』에 권모술수의 측면이 있기는 하지만 이를 경계하면서 읽는다면, 귀곡자가 강조하는 유연한 전략적 사고와 정치적 능력, 언어를 통한 협상과 소통 능력은 오늘을 살아가는 우리에게 요구되는 것이기도 합니다. 모략을 부리면서 신의는 헌신짝 버리듯 하면 협잡꾼에 지나지 않지만, 신의를 저버리지 않으면서 전략을 구사해 긴급한 현실 문제를 적극적으로 해결하면 뛰어난 정치가요 훌륭한 협상가일 것입니다.

　『삼국지연의』三國志演義의 「서사」序詞로 유명한 양신楊愼이라는 사람이 있습니다. 그는 명나라 중기의 문학자로서 경학經學과 시문詩文이 탁월했으며 박학하기로 이름이 높았습니다. 이 양신은 귀곡자를 아주 높이 평가합니다.

　그는 「귀곡자서」鬼谷子序에서 귀곡자가 인간의 의도를 깊이 이해하고 있다고 평가하면서 도道를 알고 스스로 깊게 수양한 사람이 아니라면 쉽게 이런 저작을 쓸 수 없었을 것이라고 극찬합니다. 또한 맹자가 비난하듯이 말로 사람의 마음을 낚시질하는 사기술이 아니라 훌륭한 언어의 기술이며 장자莊子가 말하는 허虛의 지혜이기 때문에 하루 종일 논쟁해도 혼란스럽지 않다고 말합니다. 그러면서 독자는 이를 잘 활용해야지 소진과 장의와 같은 인물이 되어서는 안 된다고 경고하기도 합니다.

『귀곡자』의 진위 문제

『귀곡자』는 앞에서도 말씀드렸듯이 논쟁이 분분할 뿐 아니라 주로 민간에서 도교나 점술과 관련해서 전해졌습니다. 음양술陰陽術, 신선술, 병법과 관련되어 있다는 주장이나 후대에 가짜로 만든 책이라는 주장도 있습니다. 그러나 최근의 연구 성과에 의하면 『귀곡자』는 결코 위서僞書가 아니며, 전국 시대 중기에 실존한 인물의 저작입니다.

직하학파의 사람들이 쓴 『관자』管子는 전국 시대 중기의 작품이고, 『한비자』韓非子는 전국 시대 후기의 작품입니다. 중국의 학자들은 여러 가지 근거를 제시하면서 『귀곡자』를 『관자』보다 이른 문헌으로 추측합니다.

『관자』는 제나라 선왕宣王과 민왕湣王의 재위 시기인 기원전 319년에서 기원전 285년 사이에 성립된 문헌입니다. 『귀곡자』의 「부언」符言은 『관자』의 「구수」九守와 아주 유사합니다. 그러나 여러 문헌의 고증을 통해 중국 학자들은 『귀곡자』가 『관자』보다 이른 문헌이라고 판단합니다.

또한 얼마 전에 중국의 마왕퇴馬王堆 한묘漢墓 백서帛書에서 「전국종횡가서」戰國縱橫家書가 나왔고 곽점郭店 초간楚簡에서 「어총사」語

叢四가 나왔습니다. 고대의 문헌이 고스란히 드러난 것입니다. 이를 통해 종횡가에 대한 관심이 더욱 높아졌습니다. 이 문헌들에는 『귀곡자』와 아주 유사한 내용이 많이 담겨 있습니다.

「전국종횡가서」는 『전국책』과 유사해 전국 시대에 다양한 종류로 편찬된 종횡가의 편지, 상서, 간언서 등 유세의 글이 담겨 있고, 「어총사」는 『귀곡자』와 유사해 유세의 이론을 다루고 있습니다. 이 두 문헌은 상당히 흥미로운 내용을 다루고 있어 전국 시대의 사상을 다채롭게 연구할 수 있는 자료입니다. 이제는 공자나 맹자, 노자老子와 장자도 이러한 다양한 문헌들과의 관계 속에서 논의되어야 한다고 생각합니다.

『귀곡자』가 위서라는 주장은 『귀곡자』에 대한 기록이 『한서』 「예문지」에는 없는데 『수서』 「경적지」의 종횡가류에 이르러서야 비로소 보이기 때문입니다. 수나라 이전의 문헌에서는 볼 수 없다는 것이지요. 그러나 꼭 『한서』 「예문지」에 기록되지 않았다고 해서 위서라고 쉽게 판단할 수는 없습니다. 「예문지」에 기록되지 않은 문헌은 『귀곡자』 이외에도 많으니까요.

어쩌면 『귀곡자』는 유가儒家 사상과 다른 점이 많았기 때문에 불온 서적이나 이단 서적으로 분류되기 쉬웠을 것입니다. 또한 한나라 무제武帝 이후 오직 유가만이 존중되면서 조정의 학문에서 제외되었을 수도 있습니다. 신하가 절대 권력을 가진 군주를 제어하는 방법을 논하고, 상대방의 심리와 약점을 파악해 손바닥 위에서 가지고 놀 수 있는 방법을 말하며 혁명까지도 권하는 내용이니 조정에서는 심기가 불편했을 것입니다.

그렇기 때문에 민간에서 유포되어 전해졌다는 것은 이상할 것이 없습니다. 불온 서적은 원래 그렇게 전해지지 않습니까. 그러다가 나중에 『수서』 「경적지」에 기록되었던 것입니다. 귀족 출신이 아닌 지식인이 출세할 수 있는 비밀이 적혀 있었기 때문에 아무도 모르게 유통되어 전래되었을 것입니다.

한편, 종횡가의 전적도 남아 있지 않은데 종횡가는 실제로 정치 활동을 했던 집단이기 때문에 이론적인 측면이 발달하지 못했을 것입니다. 다만 실제 경험이 기록된 문헌은 많았습니다. 지금 남아 있는 『전국책』이 전국 시대 종횡가의 책략에 관한 모음집입니다.

『귀곡자』를 한 시기에 써서 완성된 것이라고 보기는 힘듭니다. 오랜 시간에 걸쳐 완성되면서 후학들의 경험과 이론이 삽입되었을 것입니다. 현재 남아 있는 판본은 세 부분으로 구성되어 있는데 그 완성본은 위진魏晉 시대 이전에 이루어졌을 것으로 추측합니다.

우선 첫번째 부분은 「패합」捭闔, 「반응」反應, 「내건」內揵, 「저희」抵巇, 「비겸」飛箝, 「오합」忤合, 「췌」揣, 「마」摩, 「권」權, 「결」決입니다. 마지막 편인 「결」 이외에는 모두 거의 온전한 형태로 남아 있습니다.

두번째 부분은 『관자』의 내용과 유사한 「부언」과 지금은 없어졌지만 기록에는 남아 있는 「전환」轉丸, 「거협」胠篋입니다.

세번째 부분은 온전한 형태를 유지한 채 철학적으로도 상당히 중요한 내용을 담고 있는 「본경음부칠술」本經陰符七術, 다소 불완전한 형태로 남은 「지추」持樞와 「중경」中經입니다.

전체적인 구조로 볼 때 『귀곡자』는 온전하지 않은 문헌입니다. 대체로 첫번째 부분의 「패합」, 「반응」, 「내건」, 「저희」, 「비겸」, 「오합」은 귀곡자의 저작이라고 평가합니다. 두번째 부분의 「부언」은 직하학파의 도가道家 계열 사람과 관련이 깊다고 보지만 역시 귀곡자의 저작으로 봅니다. 세번째 부분인 「본경음부칠술」도 귀곡자의 저작으로 봅니다.

그리고 첫번째 부분의 「췌」, 「마」, 「권」, 「결」과 세번째 부분의 「지추」와 「중경」은 귀곡자가 아닌 종횡가의 계열의 사람이 썼을 것으로 봅니다.

두번째 부분의 「전환」, 「거협」은 지금은 망실되었지만 「거협」은 『장자』莊子에서도 유사한 편명이 있는데 장자의 후학이 쓴 것이거나 장자의 후학과 밀접하게 관련이 있다고 추측합니다. 또한 마왕퇴에서 출토된 백서가 「부언」과 내용이 유사해 「부언」이 황로도가黃老道家의 사상과 관련이 있다고 보기도 합니다. 이런 점에서 『귀곡자』는 도가 계열의 사상과 관련되어 있다고 볼 수 있습니다.

이에 따라 『귀곡자』가 성립할 때 세 가지 계통의 다른 편찬자가 있었을 것이라고 추정합니다. 대체로 문헌은 선진先秦 시대에 이루어졌지만 귀곡자의 제자가 전국 시대에 편집했으리라는 것이지요.

이후로 서한 시대의 유향이 귀곡자를 정리했을 가능성도 있다고 합니다. 그리고 위진남북조 서진西晉 시대에 황보밀黃甫謐이 정본으로 편집했다는 추측도 있습니다. 결국 완성본은 위진 시대에 이루어졌을 것으로 추정하는 것입니다. 황보밀의 주석본은 지금 전해지지 않고, 위진남북조 시대의 학자 도홍경陶弘景의 주석이 남아 있습니다. 도사道士이기도 했던 도홍경의 주석은 도교적인 색채가 많이 가미되었는데 주로 참조할 수 있는 주석은 도홍경의 것입니다.

귀곡자를 어떻게 볼 것인가

공자는 현실 정치에서 실패자일 수 있습니다. 그러나 실패했기 때문에 역사적 위대성이 있습니다. 공자를 평가하는 말 가운데 필자가 개인적으로 좋아하는 말이 있습니다. 공자의 제자인 자로子路가 여관에서 숙박하려 했을 때 그곳의 문지기가 공자를 평한 말입니다.

"불가능한 줄 알면서도 하려는 사람." (知其不可而爲之者.)

이 말은 문지기가 공자를 비꼬는 말입니다. 야유하는 것이지요. 그러나 이 말 속에 오히려 공자의 진면목이 드러납니다.

불가능한 줄 알면서도 하려는 사람. 바보가 아니면 그렇게 하지 못합니다. 순수한 이상을 견지하고 그것의 실현을 위해 강직하게 돌진하는 사람. 미친 사람이지요. 광인입니다. 역사는 이러한 광인에 의해 바뀌었다고 생각합니다.

그러나 바보에 그친다면 그냥 바보일 뿐입니다. 바보와 같은 순수함을 견지하되, 현실을 냉정하게 판단하며 전략적으로 사고하고 현실 세력을 다룰 줄 아는 유연성을 가져야 하지 않을까요? 정치 영역에서는 특히 그러합니다.

흔히 바보를 도덕적 순수로 상정하고 교활함을 비열한 기회주의로 폄하합니다. 도덕적 진리를 더럽혀져서는 안 될 순수로 생각하고 정치적 기술을 사기나 치는 기만술로 생각하기도 합니다.

현대 서양 철학에서는 진리와 정치의 관계를 다르게 봅니다. 간단히 말하면 플라톤은 진리가 정치 영역에서 구현되어야 한다고 주장합니다. 그러나 한나 아렌트Hannah Arendt는 정치가 진리의 영역이 아니라고 말합니다. 정치는 절대적 진리를 독점하고 강제하는 것이 아닙니다. 그것은 절대주의적 독재입니다. 정치는 상황의 다양성과 인간의 복수성을 인정하고 설득을 통해 합의를 이끌어내는 영역이라는 것이지요.

지나친 과장이나 편협한 비교라고 생각하실지 모르지만 공자가 행하는 도덕적 순수는 플라톤의 절대적 진리와 같은 맥락으로 비교될 수 있지 않을까요?

『논어』「위령공」에서 공자는 이런 말을 했습니다.

"정나라 음악을 물리치고 말재주가 좋은 사람을 멀리하라. 정나라 음악은 음란하고 말재주 좋은 사람은 위태롭다."(放鄭聲, 遠佞人. 鄭聲淫, 佞人殆.)

플라톤은 시인을 추방했고 소피스트의 수사학修辭學을 비난했습니다. 공자는 정나라 음악을 추방하고 말재주 좋은 사람을 멀리했습니다.

선진 제자諸子 가운데 말재주로 유명한 종횡가는 주목받지 못했습니다. 서양 철학에서도 소피스트는 주목받지 못했습니다. 그러나 요즘 서구 사회에서 소피스트에 대한 재평가 운동이 일어나고 있다고 합니다. 이는 현대 민주주의 정치 사회에도 유의미한 사유 방식을 모색하는 과정에서 나온 것이겠지요. 마찬가지입니다. 종횡가도 이런 맥락에서 다른 방식으로 사유할 필요가 있습니다. 귀곡자를 다시금 생각해야 할 이유이기도 합니다.

물론 귀곡자는 상대의 약점을 이용해 잔꾀를 부리는 술수를 알려줍니다. 이런 술수를 정치적으로 비열하게 사용할 수도 있습니다. 이는 분명히 비판받아야 할 것입니다. 그러나 여기서 몇 가지 중요한 철학적 맥락을 살펴보는 것은 의미 있는 작업일 것입니다.

필자가 보기에 한비韓非가 『한비자』에서 군주와 신하들의 복잡한 이해관계 속에서 군주의 권력을 호시탐탐 노리던 탐욕스런 신하들을 다스리는 통치술을 주장했다면, 귀곡자는 『귀곡자』에서 신하로서 화를 당하지 않으면서 포악하고 어리석은 군주를 제어하는 정치적 전략과 유세술을 주장했습니다.

『한비자』가 군주론이라면 『귀곡자』는 이에 대항하는 신하론이라 할 만합니다. 권력에 대항하는 신하들의 기술과 전략입니다. 언어의 힘과 정치적 능력을 강조하는 것입니다. 권력의 전략학이지요. 그래서 병서兵書의 영향을 간과할 수는 없습니다. 『손자병법』孫子兵法이 "병술은 속임수이다"(兵者, 詭道也)라는 말로 시작하듯, 귀곡자의 주장도 이 속임수와 기만술처럼 보일지도 모릅니다.

그러나 정치 영역에서 진실을 전달하기 위해서는 거짓말도 필요하고, 도덕을 실현하기 위해 전략적 사고도 필요하다면 어떻게 하시겠습니까? 위대한 공자도 거짓말의 기술을 좀 알았더라면 당시에 영향력 있는 정치가가 될 수 있었을까요? 물론 그렇게 되기를 바랄 필요는 없습니다. 공자는 실패자였기 때문에 위대한 것입니다. 그는 영원한 이상으로 남을 테니까요.

다만 필자는 공자가 왜 정치 영역에서 실패할 수밖에 없었는가에 대한 문제 제기로부터 시작해 귀곡자를 정치적 기술, 전략적 사고, 유세의 기술, 인간의 마음을 다루는 기술, 정보 획득의 기술을 설파한 사람으로 해석하고자 합니다. 또한 그가 말하는 권모술수와 음모를 정치 영역에서 활용할 수 있는 전략적 기술과 사고로 적극적으로 해석하고자 합니다.

제2강

공자는 왜 실패했는가

분노와 증오의 대화술

서양의 많은 현자가 비극적인 죽음을 맞이했습니다. 예수도 그러했고 아테네의 등에를 자처하며 사람들을 일깨우고자 했던 소크라테스도 그러했습니다. 하지만 공자는 처형당하기는커녕 천수를 누렸습니다.

요즘 필자는 소크라테스가 자신의 철학이라고 불렀던 엘렝코스elenchos라는 논박술에 관심을 가지게 되었습니다. 루이 앙드레 도리옹Louis-André Dorion이 쓴 『소크라테스』에 따르면, 엘렝코스는 질문하고 대답하는 대화를 통해 논증을 전개하는 과정으로, 답변자가 어떤 주제에 관해 모순된 주장을 하고 있음을 질문자가 드러내는 것입니다.

도리옹은 많은 사람이 이 엘렝코스의 논리적 요소에만 관심을 가졌지 정작 그 목적에 대해서는 잘 모른다고 주장합니다. 엘렝코스의 논리적 방법은 도덕적 목적을 이루기 위한 것입니다. 그 목적은 상대를 논파하는 데 있는 것이 아니라 대화자를 더 훌륭하게 만드는 데 있습니다. 상대의 영혼을 정화시키려는 것이지요. 소크라테스는 영혼의 정화를 행복의 조건으로 봅니다.

소크라테스는 상대가 참이라고 믿어왔던 것이 거짓으로 드러날 때 그 영혼이 겪게 될 충격과 수치심을 강조합니다. 수치심을 느꼈다는 것은 철학을 시작할 수 있는 징후입니다. 수치심을 느낀다는 것은 허위의식이 깨졌음을 의미하므로 이제 함께 철학적 탐구에 들어설 조건을 갖춘 것입니다.

논박을 당할 때 느끼는 수치심을 소크라테스는 '유익한 수치심'으로 봅니다. 그런 점에서 엘렝코스는 일종의 교육적 장치로서 도덕 교육을 위해 필요한 것이지 논리적 논박으로서 중요한 것이 아닙니다. 그런 의미에서 수치심은 중요합니다.

재미있는 것은 이 엘렝코스가 주술呪術로 비유된다는 점입니다. 엘렝코스는 합리적인 논변 양식인데 어째서 마법의 주문인 주술에 비유되었을까요? 그것은 효과의 측면에서 그렇다고 합니다. 대화자를 마비시키는 효과가 있다는 것이지요. 홀리게 한다는 것입니다.

그런데 소크라테스에게 논박당한 이들 가운데 그의 이런 좋은 뜻을 이해하고 고마워했을 사람이 과연 몇이나 될까요? 물론 전혀 없지는 않겠지만 실제로 논박당한 사람은 대부분 고마움을 표하기는커녕 소크라테스에게 적의를 드러냈다고 합니다.

특히 소크라테스를 모방했던 젊은이들에게 논박당한 사람들은 오히려 소크라테스에게 원한을 품고 복수를 다짐했습니다. 소크라테스가 법정에 고발당한 것도 이와 무관하지 않습니다. 많은 사람 앞에서 무력하게 논박당하고 모순덩어리인 자신이 발가벗겨지듯 드러나 모멸감과 수치심을 느낀 이들이 소크라테스에게 분노하는 것은 어쩌면 당연하지 않을까요?

소크라테스의 의도처럼 수치심을 통해 영혼의 정화가 이루어진다면 더할 나위 없이 좋은 일일 것입니다. 하지만 반대로 분노와 복수심을 불러일으킨다면 논박술에 어떤 문제가 있는 것은 아닐까요? 소크라테스는 사형이 선고되는 마지막 법정에서 지옥에 가서라도 엘렝코스를 멈추지 않겠다고 다짐합니다. 좋은 의도가 현실에서는 최악의 결과를 산출하는 이 모순을 어떻게 설명하면 좋을까요?

필자는 이런 문제와 관련해서 먼저 귀곡자의 핵심을 말씀드리려 합니다. 엘렝코스는 대화의 기술입니다. 귀곡자도 대화의 기술, 즉 말하는 기술을 다룹니다.

귀곡자는 역사적으로 깊이 있게 논의된 적이 없습니다. 아마도 책의 성격상 드러내놓고 연구하기보다는 몰래 감추어두고 혼자만 보아야 했기 때문이 아닐까라는 의심이 들 정도입니다. 권모술수와 음모를 다루는 책이니까요.

정치와 말의 힘

귀곡자에 대한 강의를 시작하기 전에 웃어야 할지 울어야 할지 모를 얘기를 먼저 말씀드리려 합니다. 『사기』에 나온 장의에 관한 이야기입니다. 잘 아시다시피 장의는 소진과 함께 종횡가로 유명하지요.

종횡가에 대한 평가는 역사적으로 우호적이지 않습니다. 서양철학사에서 소피스트를 궤변론자이자 무도덕한 집단으로 폄하하듯이, 종횡가도 권모술수와 궤변으로 천하를 혼란하게 하는 음험한 정치 집단으로 평가됩니다.

장의는 위魏나라 사람으로 제후들에게 연설을 하면서 돌아다 닌 유세객이었습니다. 어느 날 그는 초나라 재상과 술을 마시다 벽옥璧玉이 없어지자 도둑으로 의심을 받았습니다. 가난뱅이에다 품행이 좋지 못하다고 오해도 받았습니다. 돈과 권력이 없는 지식인의 설움입니다. 그러나 그는 곤장 몇백 대를 맞고도 자백하지 않았습니다. 당연합니다. 훔치지 않았으니까요.

그렇게 곤장을 맞고 돌아오자 아내가 독서나 유세를 하지 않았다면 이런 치욕을 당했겠느냐며 울분을 터뜨렸습니다. 그런데 장의는 담담하게 자신의 혓바닥이 아직 남아 있느냐고 물었습니다. 아내도 한심했는지 웃으면서 혀는 그대로 남아 있다고 대답했습니다. 헌데 장의의 답변이 걸작입니다. "족하다."

필자는 이 단 한마디 '족하다'는 말에 담긴 장의의 심정이 어떠했을까 가끔 생각해봅니다. 죽지 않아 다행이라는 말일까요? 다른 것은 몰라도 자신에게 가장 중요한 혀가 남아 있으니 만족한다는 말일까요, 아니면 혀가 남아 있으니 후일의 복수를 도모하기에는 충분하다는 말일까요? 그것도 아니면 그저 농담이었을까요?

장의는 어쩌면 분노와 수치를 꾸역꾸역 억누르면서 혀가 있으니 그놈들에게 복수는 할 수 있다고, 씁쓸한 미소를 지으며 괜찮다고 말한 것인지도 모릅니다. 물론 복수심만으로는 아무것도 해결되지 않습니다. 오히려 해를 당하기 쉽지요. 장의는 진나라의 재상까지 올라가 천하를 호령했지만 결국 객사했습니다.

한번 분노하면 제후들을 벌벌 떨게 하니 장의는 대장부가 아니냐는 질문에 맹자는 결코 그렇지 않다고 일축합니다. 그리고 순종을 자신의 도리로 삼아 아녀자의 도리를 행하는 사람이라고 평가합니다. 맹자가 보기에 장의는 겉으로는 순종하는 척하지만 속으로는 분노의 복수심에 가득 찬 사람이었습니다. 어쨌든 떳떳한 대장부는 아니었지요.

그러나 필자는 장의에 대한 평가보다는 그의 언어 능력과 정치 능력에 주목하고 싶습니다. 분명 장의는 말재주로 권세가 막강한 제후들을 벌벌 떨게 한 인물이었습니다.『사기』에는 장의의 활약이 잘 묘사되어 있고 사마천은 태사공의 입을 빌려 경위지사傾危之士, 즉 '궤변을 통해 나라를 위태롭게 하는 인물'이라고 평했습니다.

말은 정치적인 영역에서 영향력을 발휘할 수 있는 힘을 가지고 있습니다.『주역』周易「계사전」繫辭傳에는 "말과 행위는 군자의 중추적인 기능"이며 "말과 행위를 어떻게 하느냐가 영광과 치욕의 원인"(言行, 君子之樞機. 樞機之發, 榮辱之主也)이라는 말이 있습니다.『예기』禮記「곡례 상」曲禮上에도 비슷한 말이 나옵니다.

몸을 닦고 말을 실천하는 것이 뛰어난 행위이고 행위를 닦고 말을 도리에 합당하게 하는 것이 예의 바탕이다.
修身踐言, 善行, 行修言道, 禮之質.

『주역』과『예기』의 말을 인용한 이유는 말의 능력도 고대 중국에서 도덕적인 행위, 즉 덕행德行만큼이나 정치적으로 중요한 기능을 담당했었다는 점을 말씀드리기 위해서입니다.

흔히 중국 철학 하면 마음을 수양하는 도덕만을 연상하기 쉽고 그리스 철학 하면 이성적 사고의 논리만을 연상하기 쉽습니다. 그러나 그렇지 않습니다. 고대 그리스에서는 논리적 사고뿐 아니라 수사학이 중시되었고, 고대 중국에서도 덕행德行과 더불어 말하기가 중요한 정치 능력이었습니다.

고대 그리스에서 플라톤은 수사학을 기만술로 낮게 평가했지만 원래 그 의미가 단지 말을 화려하게 꾸미는 것만은 아닙니다. 로고스logos는 이성을 의미하는 동시에 말을 가리키기도 합니다. 로고스에 맞는 말이 중요한 것입니다. 또 말하는 행위는 이성에 따르는 영혼psyche의 활동이라는 점에서 인간 고유의 기능이며 행복의 조건입니다.

흔히 인간은 정치적 동물이라고 합니다. 인간이 언어 능력을 가지고 공적인 영역에서 타인과 소통하면서 삶의 의미를 추구하는 사회적인 존재라는 뜻입니다. 그런 점에서 수사학은 로고스의 기술이며 정치 기술입니다. 이는 폴리스polis 생활을 잘할 수 있는 기술이자 훌륭한 시민이 되기 위한 자격이었습니다. 『예기』에서 말과 행위가 예禮의 바탕이라고 했던 것도 이런 맥락에서 이해할 수 있습니다.

그러나 흔히 덕행과 말재주를 대비해 말재주는 중요하지 않은 것으로 간주됩니다. 물론 말재주만 가지고 아첨하고 기만하고 과장하는 것은 비난받아야 마땅합니다. 정치를 행하는 사람은 당연히 교묘한 말재주나 모략보다는 진정성이 담긴 도덕적 품성을 갖추어야 합니다.

그렇다고 해서 말의 능력을 가볍게 보는 것은 자신의 무능력을 덕행의 가면 속에 감추고 고고한 군자인 양하는 것은 아닐까요? 문제는 말재주냐 덕행이냐의 이분법적 우열의 선택이 아니라 실천되지 않는 헛된 말과 위선입니다.

말재주를 싫어하게 된 기원은 공자로부터 비롯되었습니다. 분명 공자는 기만적인 말재주를 증오했습니다. 교언영색巧言令色이라 하여 교묘한 말재주나 아첨하는 낯빛을 가진 사람 가운데 인자한 사람은 드물다고 꼬집었지요.

그렇다고 해서 공자가 정치 영역에서의 말의 기능을 무시했을까요? 공자는 그렇게 단순하게 이해되어서는 안 될 인물입니다. 『장자』의 네번째 편은 「인간세」人間世입니다. 전 이 「인간세」가 군주를 상대하는 정치적 방식에 대한 문제를 다루고 있다고 생각합니다.

첫머리에 공자가 덕행으로 유명한 안연을 한사코 가지 말라고 말리는 장면이 나옵니다. 안연은 독재 정치를 행하는 위衛나라 군주에게 그의 잘못을 간언하러 가는 길이었지요. 정의감에 가득한 안연을 공자는 한사코 가로막습니다. 왜 그랬을까요?

안연에게는 군주의 잘못을 간언할 수 있는 능력이 없었기 때문입니다. 또한 공자는 안연의 무의식적인 명예욕과 자만심과 함께 "인간의 감정과 심리를 이해하지 못하는"(未達人氣, 未達人心) 무능력을 지적합니다. 덕행에는 뛰어난지 몰라도 현실 감각이 부족하다는 것입니다.

『장자』에 나온 이런 얘기들이 공자와 안연을 헐뜯으려 장자가 만들어낸 우화일 뿐이라는 주장도 있습니다. 그러나 공자가 이런 이유로 막은 제자는 비단 안연만이 아닙니다. 『사기』「중니제자열전」仲尼弟子列傳에도 이와 비슷한 상황이 나옵니다.

제나라 대부大夫 전상田常이 노나라를 치려 하자, 공자가 이 소식을 듣고 너희는 어찌해 나라를 구하려고 하지 않느냐고 걱정합니다. 이때 자로가 나서서 전상에게 가기를 청했지만 공자는 그를 제지합니다. 자장子張과 자석子石이 나서기를 칭했지만 역시 제지당합니다. 그런데 자공子貢이 나서자, 공자는 허락했지요. 왜 그랬을까요?

다른 제자와는 달리 자공에게는 그럴 능력이 있었기 때문입니다. 사마천의 자공에 대한 평가는 "자공이 한번 뛰어다녔더니 각국의 형세에 균열이 생겨 10년 사이에 다섯 나라에 커다란 변화가 있었다"였습니다. 앞서 말씀드린 장의와 유사합니다.

자공은 뛰어난 경영자이자 전략가였으며 외교관이었습니다. 귀곡자를 이해하려면 공자의 제자 가운데 자공을 먼저 생각해야 합니다. 안연이 아닙니다. 귀곡자는 전략과 유세에 관한 책이기 때문입니다.

자공은 종횡가의 원조로 평가되는 인물입니다. 또한 흔히 공문사과孔門四科로 알려진 덕행, 언어, 정사政事, 문학文學 가운데 재아宰我와 함께 언어의 대표자이기도 합니다. 언어는 정치적 조정 능력, 소통 능력, 외교 능력을 가리킵니다. 이런 정치 능력이나 외교 능력과 관련해 필자는 『논어』의 이런 장면에 주목합니다.

(제자 가운데 의심이 많은) 자금子禽이 자공에게 물었다.
"공자께서는 한 나라에 이르면 반드시 그 나라의 정치를 들으십니다. 그것은 공자께서 구하는 것입니까. 아니면 사람들이 주는 것입니까?"
자공이 대답했다.
"공자께서는 따뜻하고 솔직하고 위엄 있고 검소하고 사양하심으로써 얻으셨다. 공자께서 구하신 것은 다른 사람들이 구하는 것과는 전혀 다르지 않겠는가?"
子禽問於子貢曰, 夫子至於是邦也, 必聞其政, 求之與？抑與之與？子貢曰, 夫子溫良恭儉讓以得之. 夫子之求之也, 其諸異乎人之求之與？(『논어』「학이」學而)

자금은 공자가 권력욕에 사로잡혀 군주에게 아첨해 정치 활동의 기회를 얻으려는 것이 아니냐고 의심합니다. 이에 대해 자공은 정치적 기회를 구하려는 것은 맞지만 도덕적 능력을 통해 구한다는 점에서 권력욕에 빠진 다른 사람과는 다르다고 답하지요. 물론 그렇습니다. 하지만 자공의 말처럼 단지 도덕적 능력만으로 정치적 기회를 구하는 것이 가능했을까요?

은둔자인 미생무微生畝는 이렇게 공자를 비난했습니다.

"공자는 어찌 저렇게 뽐내면서 이곳저곳 다니는가. 괜한 말재주나 부리는 놈이 아닌가."(丘何爲是栖栖者與佞 無乃爲佞乎. 『논어』「헌문」憲問)

그렇게도 말재주를 미워한 공자였지만 미생무는 오히려 그를 말재주나 부리는 놈으로 봅니다.

진리의 폭정

공자는 기본적으로 유세가였습니다. 주유천하했다는 말은 천하를 두루 다니면서 군주에게 유세했다는 뜻입니다. 소크라테스도 소피스트였습니다. 또한 고대 중국의 유세술은 고대 그리스의 '레토리케'ῥητορική, 즉 웅변술과 비교될 수 있습니다. 수사학이지요.

『귀곡자』는 기본적으로 유세에 관한 책입니다. 고대 그리스의 수사학이 이성에 따르는 영혼의 활동이듯이 고대 중국의 유세술 또한 도道에 따르는 영혼(神)의 활동이라 할 수 있습니다. 귀곡자에게 유세는 영혼의 활동입니다. 영혼의 활동으로서 말의 힘은 전쟁의 폭력과 제후의 권세를 제어할 수 있는 정치적 능력이었습니다. 귀곡자는 이렇게 말합니다.

영혼이 보존되면 전쟁이 사라진다. 이것으로 위세가 드러난다.
故神存兵亡, 乃爲之形勢.(『귀곡자』「본경음부칠술」)

『설원』說苑에 재미있는 일화가 있습니다.

조양자趙襄子라는 사람이 공자에게 따져묻습니다. 공자가 군주를 70여 명 이상을 만나고도 뜻이 통하지 못했는데 이것이 현명한 군주를 만나지 못했기 때문인가 아니면 선생의 뜻이 통하지 못했기 때문이냐고요. 능력이 부족한 것이 아니냐는 질문입니다. 공자는 대답을 못합니다.

분명 조양자는 공자를 유세객으로서 정치 영역에서 실패한 사람이라고 판단합니다. 왜 유세객으로서의 공자는 정치 영역에서 실패했을까요? 공자와 소크라테스의 공통점은 정치 영역에서 실패했다는 점입니다.

먼저 아까 말씀드린 소크라테스의 문제를 설명하겠습니다. 소크라테스는 어떤 저작도 남기지 않았습니다. 소크라테스에 관한 정보는 플라톤의 저작을 통해 얻을 수 있습니다. 엘렝코스도 플라톤의 후기 저작에서는 변증술로 더 많이 묘사됩니다. 그러므로 문제는 플라톤일 수도 있습니다.

플라톤은 진리를 탐구하는 변증술을 소피스트의 수사학과 대립하는 것으로 보았습니다. 수사학의 핵심은 진리가 아니라 설득이었습니다. 그래서 플라톤은 수사학이 거짓과 아첨의 기술이라며 진리를 추구하는 철학과 분명하게 구별합니다.

하지만 한나 아렌트의 『정치의 약속』The Promise Of Politics을 보면 좀 다른 시각을 얻을 수 있습니다. 아렌트는 플라톤이 철학과 정치의 관계를 왜곡시켰다고 비판합니다. 아렌트에 의하면 스승인 소크라테스가 법정에서 사형을 당한 후 플라톤은 설득의 타당성과 설득의 대상인 의견doxa을 의심하게 됩니다. 그래서 의견과는 다른 진리와 진리를 드러내는 변증술을 강조하게 되었다는 것입니다.

아렌트가 보기에 의견을 무시하는 불변의 진리는 '진리의 폭정'Tyranny of Truth을 가능하게 합니다. 이것이 폭력에 의한 지배일 수 있다는 말이지요. 아렌트는 오히려 설득의 기능을 강조합니다. 아렌트에 의하면 고대 그리스에서 설득은 특수한 정치적 형식의 연설이었고, 아테네 사람은 설득의 기술을 최고의 정치 기술로 보았습니다.

아렌트에게 진리는 강요하는 것이 아니라 설득을 통해 의견으로부터 깨닫게 하는 것이었습니다. 그런 점에서 재판관들에게 진리의 변증술로 연설했던 것은 소크라테스의 실수입니다. 그들의 의견을 무시한 변증술로는 그들을 설득할 수 없었다는 것이지요.

아렌트는 이렇게 혼자만의 사유에 갇혀서 진리만으로 상대를 지배하려는 철학의 오만과 정치 영역에서 타인의 의견을 듣지 않으려는 폐쇄성을 지적합니다.

저항과 흔적

소크라테스는 엘렝코스라는 대화의 기술로 아테네 시민과 대화했지만 공자나 고대 중국의 지식인은 절대 권력의 군주에게 유세했습니다. 이 점은 특히 강조될 필요가 있습니다. 말의 상대가 누구이며 어떤 사람인가 하는 문제는 말하는 기술에서 중시되어야 할 사항이기 때문입니다.

다시 말씀드리지만 소크라테스와 공자의 공통점은 현실 정치에서 실패한 사람이라는 점입니다. 왜 정치 영역에서 실패했을까요? 필자는 이와 관련해 두 가지를 지적하고 싶습니다. 하나는 저항의 문제이고, 또 하나는 흔적에 대한 문제입니다.

공기의 저항은 어느 곳에서나 발생합니다. 공기뿐 아니라 물속에서도 저항은 일어나지요. 다양한 영역에서 저항을 최소화하려는 노력이 생겨나게 됩니다. 비행기, 자동차나 배 등 운송 수단도 저항을 최소한으로 줄이는 방향으로 발전해왔습니다. 스포츠도 저항을 최소화하기 위해 과학적으로 발전했습니다.

저항은 물질 영역에만 있는 것은 아닙니다. 정신 분석학에서도 피분석자는 분석자가 심리 치료를 시행할 때 저항합니다. 이러한 저항은 무의식을 드러내고 싶지 않아 하는 자기 방어 기제라고 할 수 있습니다. 민감한 문제를 스스로 억압하려는 것이지요. 정신 분석 치료에서 분석자는 이 저항을 다룰 줄 알아야 합니다.

요즘 방송 매체에서 자주 나오는 용어 중 생태 발자국Ecological Footprint이라는 단어가 있습니다. 생태 발자국은 인간이 지구에서 삶을 영위하는 데 필요한 의식주 등에 드는 자원의 생산과 폐기에 드는 비용을 토지로 환산한 지수를 말합니다. 인간이 자연에 남긴 영향을 발자국으로 표현한 것이지요.

지구가 기본적으로 감당할 수 있는 면적 기준은 1인당 1.8헥타르이고 면적이 넓을수록 환경 문제가 심각하다고 보면 됩니다. 선진국으로 갈수록 이 면적이 높게 나타나는데 대한민국은 2005년에 3.0헥타르에 이르렀다고 합니다.

생태 발자국이 많다는 것은 생태계가 감당하지 못할 정도로 환경 문제가 심해져서 생태계의 순환 시스템이 제대로 작동하지 못한다는 말입니다. 이는 자연 자체의 치유 능력과 회복 능력이 망가지는 것을 의미합니다. 자연에는 스스로 치유하고 회복할 수 있는 능력이 있습니다. 인간이 그 능력에 개입하면 할수록 오히려 발자국을 남겨 망치게 됩니다.

자연 세계에서는 저항을 최소화하고 생태 발자국을 최대한 줄여야 최대의 효과를 낼 수 있을 뿐 아니라, 자연 자체에 내재한 작동 원리가 저절로 작용할 조건을 만들 수 있습니다. 생태 발자국이 늘어날수록 다시 인간에게 재앙이 미칠 수밖에 없습니다. 자연에 남긴 흔적은 복수를 부릅니다.

그렇다면 인간에게는 이 저항의 문제와 흔적의 문제가 없을까요? 인간의 마음에 개입하고자 할 때는 저항을 다룰 줄 알아야 하고 흔적을 최소화할 수 있어야 합니다. 필자는 소크라테스와 공자의 실패 원인을 이 저항과 흔적의 문제와 관련해 이해하려 합니다.

아까 말씀드렸듯이 『장자』「인간세」는 포악한 군주에게 간언하러 가는 안연을 공자가 말리면서 충고하는 일화로부터 시작합니다. 마지막 일화에서는 접여接輿가 공자에게 충고합니다. 두 가지 일화는 내용상 연결됩니다.

마지막의 접여에 관한 일화를 잘 읽어보면 접여가 공자에게 충고하는 핵심은 '잘난 체하지 말라'입니다. 정의감에 불타서 천하를 위해 자신의 능력을 발휘하겠다는 휴머니즘적 행위도 어쩌면 사람들 앞에서 자신의 능력을 뽐내는 행위처럼 보일 수 있습니다. 이런 태도로 정치에 개입하려는 것은 위험합니다. 접여의 표현에 따르면 '도덕으로 사람들 앞에 군림하기'(臨人以德) 때문입니다. 왜 도덕으로 군림하는 것이 위험할까요?

『장자』「산목」山木에는 다음과 같은 일화가 있습니다.

공자는 한때 진陳나라와 채蔡나라 사이의 땅에서 곤경에 빠져 고생을 한 적이 있습니다. 대공임大公任이라는 사람이 그곳에 있던 공자를 찾아가 흥미로운 비판을 합니다.

선생은 자신의 지식을 꾸며서 어리석은 사람을 놀라게 하고, 스스로를 깨끗이 닦아 남의 잘못된 행동을 더 드러나게 했습니다. …… 그래서 곤경을 면치 못한 것입니다.
飾知以驚愚, 修身以明汙 …… 故不免也.

자신의 지혜를 드러내는 것은 동시에 상대의 무식과 어리석음을 드러나게 하는 잘난 체일 수 있습니다. 상대는 수치심을 느끼고 저항하게 됩니다. 자신의 도덕적인 결백을 강제하는 것은 동시에 상대의 도덕적 오점을 밝히는 것이기도 합니다. 증오와 원한을 사서 흔적을 남깁니다. 소크라테스가 사람들로부터 증오와 원한을 사게 된 것도 같은 맥락이 아닐까요?
대공임은 이런 맥락에서 공자에게 충고합니다.
소크라테스와 공자의 공통점은 의도는 좋았지만 현실의 저항을 알지 못해 어리석은 사람을 놀라게 했고, 상대의 마음속에 흔적을 너무도 많이 남겨 화를 자초했고 곤경에 빠졌다는 것입니다.

저항을 줄이는 전략

그렇다면 저항을 줄이고 원한과 의심을 가지지 않게 하면서 상대와 대화하고 설득해 영향을 미칠 수 있는 방법은 없을까요?

그런 점에서 『장자』의 「인간세」는 상당히 주의 깊게 읽어야 한다고 생각합니다.

이 편에는 세 가지 우화가 배치되어 있습니다. 첫번째 이야기가 독단적인 위나라 왕에게 간언하려 가는 안연에게 충고하는 공자의 이야기입니다. 두번째는 제나라에 사신으로 가려는 섭공葉公 자고子高에게 충고하는 공자의 이야기입니다. 세번째 이야기는 어찌해볼 도리가 없는 잔인하고 포악한 왕을 어떻게 대해야 하는가를 묻는 안합顔闔에게 충고하는 거백옥蘧伯玉의 이야기입니다.

모두 왕에게 간언하고 왕의 마음을 다루는 방법을 묻는 내용입니다. 권력자인 왕이 행하는 정치에 개입하는 방식을 묻는 것이지요. 필자는 이 중에서 마지막 거백옥의 이야기에 주목합니다.

거백옥은 공자가 진정으로 존경한 정치인입니다. 『논어』「공야장」公冶長에서 공자는 "군자구나, 거백옥이여. 나라에 도가 있으면 벼슬하고 도가 없으면 물러나 모든 것을 가슴에 품는구나"(君子哉蘧伯玉. 邦有道, 則仕, 邦無道, 則可卷而懷之_『논어』「공야장」公冶長)라면서 거백옥을 칭찬합니다.

안합의 질문에 거백옥은 잔인하고 포악한 왕을 다루는 방법을 상세하게 알려주는데, 그 방식이 아주 독특합니다. 필자는 이 방식이 전쟁의 용병술과 관련이 깊고 귀곡자의 전략과도 유사하다고 생각합니다.

거백옥은 "겉으로는 그를 따르는 척하되 마음속으로는 그와 화합하면서 그를 감화시키는 것보다 좋은 방법은 없다"(形莫若就, 心莫若和)라고 충고합니다. 겉과 속이 다른 전략을 펴는 것입니다.

그러나 두 가지를 잘하더라도 조심해야 할 것이 있습니다. "그를 따르는 척하되 그에게 말려들어 가서는 안 되며 그를 감

화시키려 하되 그에게 감화시키려는 의도를 들켜서는 안 된다."(就
不欲入, 和不欲出.)

주의해야 할 것은, 이 말이 포악한 군주에 개입해 그를 감화시
키려는 의도 자체가 없는 방관과 무시 혹은 멸시는 아니라는 점입
니다. 그 마지막 대목에 "이런 것에 통달하면 허물이 없어진다"(達
人, 入於無疵)라고 말하고 있는데, 이 구절에 대해 위진 시대 곽상郭象
은 "모난 구석을 가지고 조금도 군주의 기분을 거스르지 않는다"
(不小立圭角以逆其鱗也)라고 주석을 달았습니다.

필자가 주목한 부분은 "기분을 거스르지 않는다"고 번역한 '逆
其鱗'(역기린)이라는 말입니다. 나중에 좀 더 자세히 말씀드리겠지
만 '역기린'은 '역린' 逆鱗으로서 바로 한비자가 군주의 역린을 건드
리지 말라고 했을 때의 그 '역린'입니다. 이는 군주의 무의식과 같
은 영역입니다. '기분을 거스르지 않는다'는 말은 결국 치부를 거
슬려서 치욕적인 수치심을 주지 않는 것을 가리킵니다. 귀곡자의
유세술을 이해하는 데 중요한 문제입니다.

그리고 거백옥의 말을 유심히 보면 재미난 사실을 알 수 있습
니다. '겉으로 그를 따르는 척하되'라고 번역한 말의 원문에서
'形'(형)은 타인에게 드러내 보이는 겉모습을 말합니다. 이 개념은
『손자병법』에서 아주 중요한 전략적 개념으로서 「형」形과 「세」勢에
자세하게 나와 있습니다.

손자의 용병술에서 형세形勢란 매우 중요한 개념입니다. '형'은
물리적인 힘의 배치와 구조를 의미하고 '세'란 이 배치와 구조로부
터 나오는 힘이라고 할 수 있습니다. 그래서 어떤 것이든 '형'이 없
는 것이 없고 '형'이 있다면 반드시 '세'가 있게 됩니다.

그러니까 어떤 형체의 기틀이 형성되면 그 기틀에 의해 어떤

힘의 작용이 일어나는 것이지요. 힘은 구조와 배치에서 나옵니다. 예를 들어 활과 화살이라는 기틀이 있으면 그것으로부터 견고한 것을 뚫는 힘이 나오는 식입니다.

그런 의미에서 '형'은 겉으로 드러난 배치와 구조로서의 몸(體)이고 '세'란 그 몸체로부터 작동하는 작용(用)입니다. 전쟁에서 형은 군사력의 배치와 구조이고, 세는 그로부터 나오는 전력戰力입니다.

손자는 이렇게 표현합니다.

> 적을 자신의 의도대로 움직이도록 만드는 사람은 겉으로 드러난 것을 이용해 적이 그것을 따라 반드시 움직이게 만든다.
> 故善動敵者, 形之, 敵必從之.(『손자병법』「세」)

이는 전쟁에서 적에게 이점이나 허점을 보여 적을 유인하는 전략적 배치를 형성하는 것을 말합니다. 거백옥이 말한 '겉으로는 그를 따르는 척한다'는 말은 전술에서 상대를 유인하는 전략적 배치라고 생각할 수 있습니다. 그러나 중요한 점은 거백옥이 지적했듯이 이런 전략적 배치를 하더라도 상대에게 자신의 의도를 들키지 않아야 한다는 것입니다. 손자는 이렇게 말합니다.

> 적의 배치 상태를 드러나게 하고 나의 배치 상태를 드러나지 않게 하니 나는 온전하고 적은 분산된다.
> 故形人而我無形, 則我專而敵分.(『손자병법』「허실」虛實)

전략적 군사 배치인 '형'은 상대에게 드러내는 것인 동시에 자신의 배치와 의도는 숨기는 것이기도 합니다. 한편으로 부각시키면서 한편으로는 은폐합니다.

용병술에서 사용되는 이런 전략은 거백옥이 왕을 상대하는 전략과 유사합니다. 겉으로는 왕의 뜻을 따르는 척하지만 속으로는 의도를 들키지 않으면서 왕을 감동시켜 변화시키려는 전략이 숨어 있습니다.

자세한 얘기는 다음 강의에서 하기로 하고 다시 『장자』로 돌아가 보겠습니다.

거백옥은 이어서 사마귀의 무모함에 대해 이야기합니다. 유명한 '당랑거철'螳螂拒轍입니다. 사마귀가 앞발을 들어 수레를 막는다는 뜻이지요. 감당하지도 못할 일에 능력을 과신하면서 현실을 무시하고 상대를 업신여기며 무모하게 수레에 돌진하는 사마귀의 위태로움을 가리킵니다. 냉정한 현실에 대한 판단 없이 진리와 도덕에 대한 믿음만 가지고 현실을 돌파하려는 어리석음을 꼬집는 것이기도 합니다. 이런 태도로는 정치 현실에 개입할 수도 없고 군주를 상대할 수 없습니다.

이어서 호랑이 사육사의 비유가 나옵니다. 이 이야기에서 호랑이 사육사가 호랑이를 잘 길들일 수 있었던 이유는 호랑이의 본성을 잘 따랐기順 때문이고, 호랑이에게 잡아먹히지 않는 이유는 호랑이의 본성을 거스르지逆 않았기 때문입니다. 여기서 호랑이가 상징하는 것이 무엇일까요? 필자는 정치 현실과 군주라고 생각합니다.

호랑이 본성을 거스르지 않고 따랐다는 말은 '순'順, 곧 순리順理와 통합니다. 이는 단지 현실에 순응하는 기회주의적인 태도가 아니라 현실의 조건을 냉정하게 파악하고 전략적으로 행동하는 태도를 의미합니다.

『장자』에 나온 거백옥의 이야기는 현실의 조건과 상대의 성향을 따르는 방식으로 저항과 흔적을 줄이면서 군주에게 유세할 것을 강조합니다. 거백옥의 생각은 분명 병법과 밀접하게 관련이 있습니다. 그리고 귀곡자의 유세를 설명할 때 가장 기본적인 입장을 담은 핵심 내용이라고 생각합니다.

귀곡자는 권모술수와 음모를 말합니다. 그러나 필자는 이 권모술수와 음모를 좀 더 긍정적이고 적극적인 방식으로 설명하고자 합니다. 지금 우리가 살고 있는 시대는 강직한 정치 이념은 넘쳐나지만, 부드럽고 섬세한 정치 전략과 감동적인 언어 기술은 부족한 시대가 아닐까요?

우리 사회에서는 적일지라도 감동하며 수용할 정도로 멋있는 정치 행위를 찾아볼 수가 없습니다. 멋있는 정치적 술수, 깍듯한 예의를 갖추면서도 엄격한 비판을 갖춘 언어, 우회적이고 암시적이면서도 가슴을 서늘하게 하는 촌철살인의 감각, 상대를 불쾌하지 않게 하면서도 유머가 넘치는 비판적 언어는 도대체 어디에서 볼 수 있을까요? 냉소와 조소, 원한과 증오가 섞인 말만 넘칠 뿐입니다.

필자는 『귀곡자』라는 문헌을 통해 지금 서점에 차고 넘치는 자기 계발적 처세술이나 권모술수적인 언어 기술을 소개하려는 것이 아닙니다. 오히려 귀곡자를 다양한 정치 전략 가운데 하나로 소개하고 그 속에 담긴 철학적 맥락을 말씀드리려 합니다. 귀곡자가 말하는 권모술수와 음모가 어떤 정치적 맥락을 가지고 있고 어떤 메커니즘을 통해 작동하며 그것이 가져오는 기능과 효과는 무엇인지를 묻고자 합니다.

제3강

—

귀곡자와 수사학

정치적 기술로서의 수사학

이번 강의에서는 고대 그리스에서 발전했던 수사학과 관련해서 『귀곡자』라는 문헌을 바라보는 시각을 말씀드리겠습니다. 요즘 서양 학계에서는 고대 그리스의 소피스트와 관련한 수사학 연구가 유행이라고 합니다. 이 현상은 유행이라기보다 어쩌면 민주주의라는 정치 체제와 관계가 있다고 봅니다. 플라톤이 비판한 소피스트의 수사학 기술은 현대 민주주의 정치 체제에서 필요한 정치 기술이기 때문입니다.

최근 우리나라에서도 소피스트에 관한 본격적인 연구서로서 조지 커퍼드George Briscoe Kerferd의 『소피스트 운동』The Sophistic Movement이 번역되었습니다. 이 책에서 커퍼드는 소피스트 운동을 이해할 때 맞닥뜨리는 장벽이 두 가지 있다고 말합니다. 첫째는 소피스트가 쓴 저술이 남아 있지 않다는 점입니다. 둘째는 더욱더 고약한데, 소피스트에 대한 평가가 플라톤의 뿌리 깊은 적대적 언급에서 벗어나기 힘들다는 점입니다.

귀곡자의 신세도 고대 그리스의 소피스트와 유사하다고 생각합니다. 마찬가지로 귀곡자를 이해하고자 할 때 맞닥뜨리는 장벽

또한 두 가지라고 생각합니다. 첫번째는 그에 관한 자료가 충분하지 않다는 점이지요. 두번째 역시 동일합니다. 귀곡자에 대한 평가가 유학자의 뿌리 깊은 적대 감정에 의존하기 때문에 거기서 벗어나기가 힘듭니다. 권모술수와 모략을 부리는 소인배라는 평가가 그렇지요.

귀곡자에 대한 오해를 풀기 위해서 필자가 『귀곡자』를 보는 기본 시각을 먼저 말씀드리겠습니다. 필자는 기본적으로 『귀곡자』를 지식인이 군주에게 간언하는 유세의 기술과 전략적으로 정치에 개입하는 기술을 담고 있는 문헌으로 봅니다. 이 유세의 기술은 정치 변론과 연설이라는 점에서 고대 그리스의 수사학과 유사합니다.

그리스어로 '레토리케'ῥητορική, 영어로는 '레토릭'rhetoric, 즉 수사학은 민주주의를 낳은 그리스 문화의 독특성에서 나온 정치 기술입니다. 레토릭은 레토르ῥήτωρ의 기술을 의미하며 '일정한 형식의 틀을 가진 언어 행위'를 말합니다. 레토르는 공적인 자리에서 공식적인 연설을 하는 사람입니다. 결국 레토리케는 어원적으로 보면 '연설가의 기술'을 의미합니다. 웅변술이지요.

이렇게 보면 수사학은 단지 문체나 문장을 아름답게 꾸미는 문학적인 표현 기술이 아닙니다. 그리스 수사학이 웅변가의 정치 기술이듯, 귀곡자도 이런 정치 기술로서의 수사학과 관련해서 이해할 수 있습니다. 물론 차이점은 분명히 있습니다.

필자는 강의 시간에 가끔 농담 삼아 철학이 탄생한 곳을 단순하게 구분해 설명하곤 합니다. 꽤 단순하고 피상적인 구분처럼 들리겠지만 이유가 없지는 않습니다. 고대 그리스 철학이 탄생한 장소는 어디일까요? 폴리스의 아고라agora입니다. 그렇다면 중국 철학은 어디서 탄생했을까요? 조정朝廷입니다. 단순한 것 같지만 차이가 매우 큽니다.

아고라는 고대 그리스 도시 국가인 폴리스에 형성된 광장입니다. 기본적으로는 시장이라서 경제 활동의 중심지였지만 시민들이 사교 활동을 하면서 여론을 형성하던 정치 활동의 중심이기도 했습니다. 여기서 법률과 정치 문제가 토론되었습니다.

그렇다면 조정은 어떤 의미일까요. 『주례』周禮 「춘관」春官에서는 봄에 제후가 천자를 알현하는 것을 '조'朝, 여름에 알현하는 것을 '종'宗, 가을에 알현하는 것을 '근'覲, 겨울에 알현하는 것을 '우'遇로 구별합니다. 결국 조朝란 것은 제후가 천자와 만나서 공적인 논의를 하는 행위를 의미합니다.

따라서 조정은 군주와 신하가 만나 정치적이고 공적인 문제를 논의했던 장소입니다. 중국 철학은 그런 의미에서 이 군주와 신하라는 특수한 신분 구조에서 이루어지는 정치(治), 즉 다스림의 문제로부터 파생되었다 해도 과언이 아닐 것입니다.

조정은 모든 시민이 참여했던 아고라처럼 모두에게 개방된 곳이 아니었지요. 상당히 높은 신분을 가진 제후가 천자 앞에서 정사를 논하는 자리입니다. 시장과는 전혀 다른 성격을 가진 위계질서를 갖춘 자리였습니다.

그리스의 수사학을 이해하려면 그리스 문화를 발전시켰던 민주주의를 이해해야 합니다. 그리스의 민주주의는 직접 민주주의였습니다. 모든 시민이 정치적이고 법률적인 사안에 대해 직접 대중에게 연설할 수 있었습니다.

이런 대중을 상대로 연설하는 능력인 수사학은 유능한 시민이 되기 위한 조건이자 기본 교양이었습니다. 고대 그리스에서 수사학이 발전한 것은 민주주의의 발생과 무관하지 않았고 그 역할을 담당한 사람이 소피스트였습니다.

소피스트는 궤변론자로 알려져 있습니다. 소피스트라는 명사는 원래 소포스 σοφός, 즉 지혜와 관련된 말로서 '전문 교사'나 '지혜의 교사'라는 뜻이 있습니다. '궤변가'라는 뜻으로 쓰이게 된 것은 순전히 플라톤 때문입니다.

레토리케의 핵심은 설득입니다. 그러나 플라톤은 진리를 탐구하는 변증술과는 달리 설득을 목적으로 하는 수사학이 거짓을 일삼고 사람을 기만하거나 아첨하는 언어의 화장술이며 사기술이라고 비판했습니다. 설득을 목적으로 하는 수사학이 악용되어 비난받는 집단이 바로 소피스트입니다.

하지만 악용하지 않고 선용하면 어떨까요? 선용하는 데 그치지 않고 악용하는 사람에게 저항하려면 수사학 기술이 필요하지 않을까요? 아리스토텔레스는 수사학을 긍정하고 이론화합니다. 아리스토텔레스에게 수사학은 거짓과 아첨의 기술이 아니라 진리와 정의를 실천할 수 있는 수단으로서의 기술입니다. 아리스토텔레스는 『수사학』Rhetorica에서 진리와 정의가 수사학의 도움을 받지 못할 때 수사학으로 무장한 부정의에 패배하면 비난받아야 한다고 말합니다. 수사학적 기술이 없을 때 진리와 정의는 거짓과 부정의에 질 수밖에 없다는 것입니다.

그럴 때 수사학은 진리를 현실에 실현시킬 수 있는 정치적인 행위이며 수단입니다. 그것이 어떤 의도를 가지고 어떻게 사용하느냐가 문제이지, 수사학 자체가 부정되어야 할 기만술은 아닙니다. 참된 수사학 혹은 윤리적인 수사학이 실제로 가능할까요? 진리를 현실 속에서 실현하려면 수사학이 반드시 필요한 기술이 아닐까요?

시적 표현으로서의 수사학

일반적으로 수사학은 말 잘하는 기술이나 문장을 아름답게 꾸미는 방법 정도의 부수적인 기술로 평가됩니다. 중국에도 수사학을 둘러싸고 이렇게 상반되는 견해가 있습니다.

"언어의 꾸밈은 요점만 전달하면 그만이다"(辭達而已矣)라고 했던 공자 이래로 유학자는 말의 능력보다는 도덕적 행위와 마음을 강조했습니다. 물론 그러합니다. 그러나 『춘추』春秋에 나온 공자의 말은 좀 다른 측면을 드러냅니다.

> 말을 하는 데 꾸밈이 없다면 실천하는 바가 멀리까지 영향력을 미치지 못할 것이다.
> 言之無文, 行而不遠.(『좌전』左傳「양공」襄公 25년)

말은 내면의 의도와 이념적 주장을 현실에 전달해 영향력을 미칠 수 있는 능력입니다. 한자로 '修辭'(수사)라는 단어에는 분명히 언어를 꾸민다는 의미가 강합니다. 서양의 레토릭을 수사학이라고 번역하는 이유도 거기에 있습니다.

이 말은 『주역』周易에 나옵니다. 건괘乾卦의 구삼효九三爻의 효사爻辭는 "군자가 하루 종일 힘차게 노력하고 저녁에는 반성하며 근심하면 위태로울지라도 허물이 없다"(君子終日乾乾, 夕惕若, 厲無咎)입니다. 이 말에 대한 주석 가운데 하나인 「문언전」文言傳에는 이를 이렇게 설명합니다.

> 군자는 덕을 증진하고 업적을 만든다. 진실과 신뢰는 덕을 증진시

키는 근원이고, 말을 닦아 진정성을 사람들에게 인정받는 것은 업적을 만드는 근원이다.

君子, 進德修業, 忠信, 所以進德也, 修辭立其誠, 所以居業也.

'수사'란 말은 '말을 닦아 진정성을 세우는 것'이라고 해석되는 '修辭立其誠'(수사립기성)에서 나왔습니다. 그러나 우선 그 맥락을 살펴볼 필요가 있습니다. 『주역』에서 말하는 구삼효는 현실의 정치 상황을 상징합니다. 군자라는 지식인이 아직 정치권의 핵심에 진입하지 못했지만 정치적으로 신중하게 처신하는 상황이지요. 정치 영역으로 들어갈 때는 도덕적 능력과 사회적 인정이 중요합니다. 그것이 사회적 영향력과 효용적 결과를 만들기 때문입니다.

결국 '수사립기성'이란 말은 이런 맥락에서 정치성을 띱니다. 수사적 기술은 내면의 진정성을 드러내 신뢰와 영향력을 형성할 뿐 아니라 효용적 결과를 이끌어낼 수 있는 정치적 능력을 가리킵니다. 남송南宋 시대 주자朱子도 이런 맥락에서 해석합니다.

"비록 진실과 신뢰의 마음이 있다고 해도 말을 닦아 그 진정성을 사람들에게 인정받지 못하면 정치적인 입지를 가질 수 없다."(雖有忠信之心, 然非修辭立誠則無以居之.)

수사학의 그리스어 어원인 레토리케가 '연설가의 기술'을 의미한다고 말씀드렸습니다. 필자는 이 점에 주목하고 싶습니다. 중국에서도 수사학의 기원은 단지 문장을 꾸미는 기술이 아니라 이런 정치적인 웅변술과 관련됩니다.

중국에서 수사학의 보고라 할 수 있는 문헌은 육조六朝 시대의 문학 평론서인 유협劉勰의 『문심조룡』文心雕龍입니다. 이 책의 문체론文體論에는 여러 가지 장르가 논의됩니다. 그 가운데 「제자」諸子와

「논설」論說에서 귀곡자가 소개되는데, 주목할 부분은 「논설」에서 설명하는 여러 장르 가운데 '의'議과 '설'說입니다. '의'와 '설'은 모두 정치에 대해 설명하는 논변입니다. '의'란 정치에 관한 논의, '설'은 정치에 관한 연설이나 유세라고 할 수 있습니다.

귀곡자는 변론과 연설, 즉 「논설」에서 말하는 '설'이라는 장르와 관련 있습니다. 「논설」에서는 '설'을 기쁠 '열'悅 자로 풀면서 말로 사람을 기쁘게 감동시킨다는 뜻으로 해석합니다. 나중에 말씀드리겠지만 이런 설명은 귀곡자의 말과 관련됩니다. 귀곡자는 "유세란 상대를 기쁘게 설득하는 것이다"(說者, 說之也_『귀곡자』「권」)라고 말하고 있으니까요.

이어서 「논설」에서는 '설'이라는 장르의 대표적인 인물로 이윤伊尹, 강태공姜太公 그리고 공자의 제자인 자공뿐 아니라 전국 시대의 변론가, 즉 종횡가를 나열합니다. 결국 『문심조룡』에서 말하는 '설'이란 정치에 관한 논변이며 완곡한 언어로 상대를 설복하는 방식을 말합니다.

유협은 '설'이라는 장르를 단지 교묘하게 남을 속이는 것이라고 보는 견해에 의문을 제기하면서 다음과 같이 설명합니다.

> 반드시 그 시대에 유용한 것이 되어야 하고 뜻이 곧아야 한다. 정치권에서 적극적으로는 자신에게 주어진 임무를 완성하도록 하고 소극적으로는 자신의 명예를 저해하지 않도록 한다. 스스로 적을 속이기 위한 경우가 아니라면 오직 충직과 신뢰를 바탕으로 해야 한다. 자신의 마음속에 있는 말을 펼쳐 군주에게 바쳐야 하고, 교묘한 표현을 사용하여 설득력을 넓혀야 한다.
> 使時利而義貞. 進有契於成務. 退無阻於榮身. 自非譎敵, 則唯忠與信.

披肝膽以獻主, 飛文敏以濟辭.(『문심조룡』「논설」)

유협은 분명 '설'이라는 장르를 정치적인 일과 관련된 것일 뿐 아니라 군주에게 바치는 간언과 관련하여 이해하고 있습니다. 이런 의미에서 '설'이라는 장르와 관련된 고대 중국의 유세는 고대 그리스 연설가의 기술인 수사학과 유사합니다.

귀곡자는 이런 유세술의 원조에 해당하지요. 『문심조룡』「제자」에서는 귀곡자가 "외교적인 설득과 변론으로 공훈을 세워야 한다고 주장한다"(鬼谷脣吻以策動)라고 소개하고, "그 의미가 현묘하지만 심오한 의미를 함축적으로 표현한다"(鬼谷眇眇, 每環奧義)라고 평가합니다.

함축적이라는 말에 주목할 필요가 있습니다. 암시적이며 우회적이라는 것이지요. 이런 상징과 비유의 기술은 귀곡자가 강조하는 바입니다.

말은 상징으로 드러나고 상황의 맥락은 비유의 구조로 나타난다. 상징과 비유를 통해서 말하는 의도를 본다.
言有象, 事有比, 其有象比, 以觀其次.(『귀곡자』「반응」)

귀곡자는 언어적 기술로서 상징과 비유를 말합니다. 이는 단지 형식적인 논리를 전달하거나 이해하려는 것이 아니라 상대의 의도를 간파하거나 자신의 의도를 암시하는 시적인 표현 방식입니다. 암시적이고 우회적이지만 상대의 마음을 깨닫게 하거나 움직이게 만들 때 효과적일 수 있습니다. 필자는 고대 중국에서 수사적 기술로 가장 중요했던 것이 '시'였다고 생각합니다.

단지 말이나 문자만으로는 현실 상황의 생생한 의미를 전달하기가 어렵습니다. 『주역』「계사전」에는 이런 말이 나옵니다.

공자가 말했다. "글자는 말을 다 표현하지 못하고 말은 뜻을 온전히 표현하지 못한다." 그렇다면 성인의 뜻은 알 수가 없는 것인가? 공자가 말했다. "성인은 상징을 만들어 뜻을 온전히 전달하려 했다.
子曰, 書不盡言, 言不盡意. 然則聖人之意其不可見乎? 子曰, 聖人立象以盡意.

『주역』에는 수많은 상징이 등장합니다. 이런 상징적 표현이 말이나 글자가 제대로 전달하지 못했던 뜻을 생동감 있게 전달합니다.
비유를 뜻하는 '비'比는 『시경』詩經과 아주 밀접한 개념이고 중요한 문학적 표현 방식입니다. 『문심조룡』「비흥」比興에서는 『시경』의 육의六義를 풍風·아雅·송頌·부賦·비比·흥興으로 구분하고 이렇게 설명합니다.

비란 사물의 이치를 연결하는 것으로 유비類比를 사용해 상황적 맥락을 설명하는 것이다.
附理者, 切類而指事.

귀곡자가 말하는 비유 혹은 유비는 시적인 표현 방식입니다. 이런 점에서 보면 그리스의 수사학은 논리적인 배치의 배열을 중시하지만 중국의 수사학은 시적인 암시를 중시합니다. 엄밀한 논리보다는 은유와 함축입니다. 정치적 표현 행위에서 이 시적 능력은 중요한 기술입니다.

공자도 제자들에게 "너희는 왜 시를 배우지 않는가"(小子何莫學夫詩)라고 호통을 치면서 "가까이는 부모를 섬길 수 있고 멀리는 군주를 섬길 수 있는"(邇之事父, 遠之事君_『논어』「양화」陽貨) 능력이라고 말합니다. 또한 "시를 배우지 않으면 말을 할 수 없다"(不學詩, 無以言_『논어』「계씨」季氏)라고까지 언급합니다. 또 이렇게 말합니다.

시를 3백 수나 외웠다고 해도 정치를 맡겼는데 제대로 해내지도 못하거나 사방에 사신으로 나가 제대로 외교 업무를 수행하지 못하면 아무리 많이 외고 있다 한들 어디에 쓰겠는가.
誦詩三百, 授之以政, 不達, 使於四方, 不能專對, 雖多, 亦奚以爲.(『논어』「자로」子路)

시를 암기한다는 것이 정치 능력이나 외교 능력과 관련된다는 점을 암시합니다. 웅변의 기술 혹은 설득의 기술로서의 수사학은 이렇게 정치적인 성격을 가지고 있습니다. 중국 철학을 이해하기 위해서는 정치와 시를 이해해야 합니다. 이 둘은 매우 밀접한 관련이 있습니다.

흔히 언어는 재현적representative 언어와 수행적performative 언어로 구분됩니다. 정보 전달과 외적인 사실을 전달하는 재현적 언어와는 달리, 수행적 언어는 주술사의 주문처럼 그 자체가 직접적으로 어떤 효과를 가져옵니다. 시적인 언어는 객관 세계를 재현하면서도 동시에 수행적인 언어 효과를 일으킵니다.

암시와 여백의 수사학

고대 중국의 유세술은 고대 그리스의 웅변술과 차이점이 있습니다. 누구에게 연설하느냐가 결정적으로 다릅니다. 고대 그리스의 수사학은 폴리스의 시민에게 연설할 때 쓰였습니다. 중국의 지식인은 백성에게 유세하지 않았습니다. 조정에서 군주에게 유세를 했지요. 이리저리 떠돌면서 변론하고 연설했습니다.

미묘하지만 대단히 중요한 차이라고 생각합니다. 설득의 기술이 탄생하게 된 조건 자체가 다르니까요. 중국의 지식인은 조정에서 최고 권력자인 왕에게 유세를 해야 했습니다. 이런 정치적 조건에서 나온 수사 기술은 다를 수밖에 없습니다.

무소불위의 권력을 자랑하는 군주에게 유세하는 일은 목숨을 거는 일이기도 했습니다. 이런 맥락을 정확하게 지적한 사람이 한비자입니다. 한비자는 기본적으로 군주와 신하는 이해관계가 서로 다르다고 생각합니다.

한비자는 자신의 저서 『한비자』 중 '말하기의 어려움'이라는 뜻의 「난언」難言 편에서 현인이나 성인일지라도 군주를 설득하기가 힘들었다는 점을 지적합니다. 요堯 임금이나 순舜 임금 같은 이상적 군주는 현실에서 아주 드물고 오히려 평범한 군주나 어리석은 군주가 많기 때문입니다. 현실의 이런 군주를 상대하는 일은 무척 어렵습니다. 현실은 그렇게 이상적이지 못합니다. 불완전하고 변화무쌍합니다. 한비자는 이렇게 지적합니다.

법도가 올바르더라도 반드시 받아들여지는 것은 아니며 말의 조리가 완벽하다고 반드시 채택되는 것은 아니다.

度量雖正, 未必聽也, 義理雖全, 未必用也.(『한비자』「난언」)

　　법도에 맞는 주장이나 이성적으로 논리적인 주장이라도 군주가 받아들이지 않을 수 있습니다. 군주가 어리석거나 딴마음을 품고 있거나 상대를 믿지 못하기 때문입니다. 진리일지라도 군주는 받아들이지 않습니다.
　　또한 신뢰 관계가 성립되어 있지 않으면 뛰어난 수사적 기교를 사용하더라도 군주는 도리어 오해하기 쉽습니다. 한비자는 이런 오해를 지적합니다. 말투가 막힘없이 유창하다면 겉만 화려할 뿐 내실이 없다고 오해하고, 직설적으로 꾸밈없이 말하면 미련하고 화술이 부족하다고 탓하며, 친근한 척하면서 남의 속마음을 떠보며 말하면 건방지고 염치없이 보인다고 비난합니다. 무엇이 문제이겠습니까?
　　한비자는 '군주에게 유세하기의 어려움'이라는 의미의 「세난」說難 편에서 그 해답을 들려줍니다. 그 이유는 말솜씨가 부족해서도 아니고 지식이 부족해서도 아니고 용기가 없어서도 아닙니다.

　　설득이 어려운 것은 설득하려는 상대의 마음을 알아서 그 마음에 적절한 방식으로 말하지 못하기 때문이다.
　　凡說之難, 在知所說之心, 可以吾說當之.

　　군주의 마음과 의도를 정확하게 파악하지 못하면 제아무리 정교한 논리와 명백한 진리를 제시해도 군주가 듣지 않는다는 말입니다. 이런 예가 적절할지 모르겠지만, 서양 의학에서는 감기에 걸리면 누구에게나 아스피린을 줍니다. 아마 개가 감기가 걸려도 아스피린을 줄지 모릅니다. 감기에 관한 한 서양에서 아스피린은 진리입니다.

그러나 한의학에서는 그렇지 않습니다. 환자의 체질에 따라 처방이 달라집니다. 교육 방식에 있어서도 마찬가지입니다. 공자는 제자가 어떠한 사람이냐, 상황이 어떠하냐에 따라 전달 방식과 내용을 달리했습니다.

귀곡자가 말하는 유세의 방식도 상황과 상대에 대한 정보 파악을 가장 중시합니다. 상대의 조건을 무시한 채 완벽한 논리를 전개하고 올바른 진리를 말하는 것은 강요입니다. 진리니까 받아들이라고 강제하는 것입니다. 그러면 상대는 도리어 저항합니다. 귀곡자는 이런 점을 지적합니다.

> 상대가 어떤 부류의 사람인지를 판단하지 않고 그와 전략을 함께 도모하려는 사람은 저항에 부딪힐 것이고, 상대의 진실한 의도를 얻지 않고 유세하려는 사람은 비난을 받을 것이다.
> 故曰不見其類而爲之者, 見逆, 不得其情而說之者, 見非.(『귀곡자』「내건」)

오히려 암시적이면서 여백이 있는 상징과 비유를 통해서 직설적이고 독단적이지 않은 태도로 말할 때 상대가 스스로 깨달을 수 있습니다. 귀곡자가 말하는 유세의 방식은 상대에게 강제하는 방식이 아니라 은미함과 함축성과 완곡함으로 우회적으로 설득하면서 동시에 스스로를 방어하는 기술적 방식입니다.

이러한 유세의 방식은 그리스 수사학이 당시 정치 체제인 직접 민주주의와 관련이 있듯이 고대 중국의 정치 체제나 예법禮法 질서와 관련이 있습니다. 수사학이 발생한 정치적 조건이 달랐던 것입니다. 귀곡자가 말하는 유세의 기술로서 수사학도 이런 정치적 조건과 관련해서 이해해야 할 것입니다.

귀곡자의 이러한 암시적이고 우회적인 방식은 힘센 자에게 직언하지 못하는 비겁함과 기회주의적인 태도를 가진 음흉한 방식이라고 비판받을 수 있습니다. 하지만 귀곡자가 말하는 방식은 상대인 군주의 의도가 무엇인지를 숙고해 스스로 깨닫고 변화하게 만드는 방식이면서, 말하는 자가 해를 입지 않고 자신의 명예와 원칙을 지킬 수 있는 방식입니다.

그러나 이러한 수사 방식이 군주와 신하의 경우에만 해당하는 것은 아닙니다. 자본주의의 상품 광고 전략만이 아니라 정치가의 말에도 수사적 전략이 숨어 있습니다. 또한 수사적 기술은 일상생활에서 느끼고 말하고 생각하고 행동하는 속에서 무의식적으로 사용되고 있습니다. 아마 모든 영역에 감추어져 있다고 보아야 할 것입니다. 단지 우리가 의식하지 못할 뿐입니다. 귀곡자는 이렇게 말합니다.

> 이러한 술수는 성인이 홀로 사용하는 것 같지만 사실은 모든 사람이 사용하고 있다. 그러나 그들이 공을 이루지 못하는 이유는 그 사용 방식이 잘못되었기 때문이다.
> 故聖所獨用者, 衆人皆有之, 然無成功者, 其用之非也.(『귀곡자』「마」)

충분히 공감할 수 있는 말이라고 생각합니다. 우리도 사실 귀곡자가 설명하는 기술을 일상생활에서 의식하지 못한 채 사용하고 있는지도 모릅니다. 일상생활에서 우리는 사람들과 이런 방식으로 사고하고 감응합니다.

다만 그 사용법을 잘 모를 뿐입니다. 그래서 상대방의 무의식을 잘못 건드려 의도하지 않은 모멸감을 주면 추한 감정싸움으로 치닫기도 하지요. 정치판은 더 말할 것이 없습니다. 그렇기 때문에 정치 영역에서 수사학의 중요성은 더욱더 크다고 볼 수 있습니다.

어떤 의미에서 수사학은 현실을 창조한다고 말할 수 있습니다. 특히 정치 영역에서는 더욱 그렇습니다. 귀곡자는 성인을 이렇게 설명합니다.

> 성인은 감추어진 측면(陰)과 드러난 측면(陽)이 열리고 닫히는 것을 보고 사물과 상황을 규정해서 존망存亡의 관건을 간파한다.
> 觀陰陽之開闔以名命物, 知存亡之門戶.(『귀곡자』「패합」)

필자가 '사물과 상황을 규정해서'라고 번역한 부분은 바로 수사학적인 방식으로 현실을 창조하는 것과 관련해 이해할 수 있습니다. 인간은 객관적이고 물리적인 현실에서만 살지 않습니다. 오히려 언어로 규정된 현실 세계에서 살고 있습니다.

동일한 현상일지라도 사람마다 해석하고 규정하는 방식이 다르고, 어떻게 규정하느냐에 따라 그에 대응하는 정치적 태도도 달라집니다. 완벽하게 중립적인 객관적 현실은 불가능합니다. 누구의 말인지는 잊어버렸지만 이런 말이 있습니다.

"동물은 먹느냐 먹히느냐에 따라 생존하지만 인간은 규정하느냐 규정당하느냐에 따라 생존한다."

좌파 사회 활동가 제이슨 델 간디오Jason Del Gandio는 『다른 세상은 가능하다』Rhetoric for Radicals에서 급진주의적 수사를 권유하며 수사를 이렇게 규정합니다.

"수사를 바꾸면 소통이 바뀐다. 소통을 바꾸면 경험이 바뀐다. 경험을 바꾸면 사람들의 성향이 바뀐다. 성향을 바꾸면 사회에 심대한 변화의 조건이 생긴다."

그는 수사를 "사회적이고 정치적인 목적을 이루기 위해 정교하게 가다듬은 소통"이라고 정의합니다. 물론 귀곡자는 현대와 다른 사회 정치적 맥락을 가지지만 정치 영역에서 수사학적 기술의 중요성을 생각할 때 중요한 단서를 제공합니다. 특히 동아시아 사유 구조에서의 소통은 더욱 그러합니다. 그렇다면 귀곡자가 말하는 정치적 전략과 수사적 기술의 특성은 무엇일까요?

제4강

—

귀곡자와 마키아벨리

은둔인가 죽음인가

『논어』에는 독해하기 어려운 아주 간단한 말이 많습니다.

미자는 떠났고 기자는 종이 되었고 비간은 간언하다가 죽었다.
微子, 去之, 箕子, 爲之奴, 比干, 諫而死.(『논어』「미자」微子)

아주 간단한 말이지만 정치적 전략으로서 곰곰이 생각해볼 만한 내용입니다. 공자는 물론 이 세 사람을 모두 은나라 현자라고 부릅니다. 이들은 은나라 마지막 왕인 주왕紂王의 포악한 정치에 각자의 방식으로 대항한 사람입니다.

그렇다면 공자는 어떠했을까요? 공자는 떠나지도 않았고 노예가 되지도 않았으며 권력에 의해 개죽음을 당하지도 않았습니다. 흔히 결연히 불의한 권력에 협조하지 않고 떠나거나 목숨을 걸고 저항하는 것을 권력에 타협하지 않고 가장 순수하게 투쟁하는 방식이라 생각합니다. 그리고 권력과의 현실적인 타협은 기회주의적인 태도라고 비난합니다.

그러나 정치 현실은 단순하지 않습니다. 복잡하고 미묘합니다. 이렇게는 생각해볼 수 없을까요? 어쩌면 불의한 권력에 협조하지 않고 떠나는 것은 자신의 고결한 이념을 지키는 대신 불의한 권력을 개혁하려는 의지와 전략을 결여한 정치적 무기력이 아닐까요?

'과망'果忘이란 과감하게 세상을 잊는다는 뜻입니다. 어느 날 공자가 경쇠를 두드리며 음악을 연주하고 있었습니다. 삼태기를 맨 은둔자가 지나가다 이 음악 소리를 듣고 "세상이 알아주지 않으면 물러나 그만두면 되지 않는가"라고 말합니다. 더러운 세상일에 집착하는 공자의 마음이 음악 소리에서 드러났기 때문입니다. 공자는 이렇게 답했습니다.

> 과감하다. 그러나 그렇게 세상을 잊기로 한다면 어려울 것도 없다.
> 果哉, 末之難矣.(『논어』「헌문」)

목숨을 건 저항도 마찬가지입니다. 용기 있는 정의감으로 높이 평가할 수 있겠지만, 순수한 이념만 고집해 현실을 고려하지 않은 정치적 무모함은 아닐까요? 무모함은 현실 판단과 현실 전략이 없다는 것입니다. 정의감과 용기가 넘쳤던 자로에게 공자는 또 이렇게 말했습니다.

> 맨손으로 호랑이를 때려잡으려 하고 맨몸으로 깊은 강을 건너려 하면서 죽어도 뉘우침이 없는 사람과 나는 함께 일을 도모하지 않는다. 반드시 어떤 일에 임했건 두려워하면서 전략을 도모해 공을 이루기를 좋아하는 사람과 함께할 것이다.
> 暴虎馮河, 死而無悔者, 吾不與也. 必也臨事而懼, 好謀而成者也.(『논

어』「술이」術而)

역사적으로 이념만을 고집하려는 순수가 현실적 무기력이나 무모함과 결합될 때는 폭력이 되었던 적이 많습니다. 하지 못하는 무능력이 하지 않겠다는 도덕적 결의로 바뀌면 무자비한 옹고집이 되어버립니다.

다시 말씀드리지만 공자는 떠나지도, 노예가 되지도, 권력에 의해 개죽음을 당하지도 않았습니다. 귀곡자는 권력에서 떠나거나 무모하게 대항하지 않으면서도 권력을 제어하는 전략적 사고를 말합니다. 흔히 권모술수라고 평가합니다. 필자는 이 권모술수를 좀 더 긍정적인 의미로 평가해보려 합니다.

마키아벨리와 현실 정치

권모술수를 말씀드리기 전에 시 한 수를 소개하고자 합니다. 앞에서 말씀드렸듯이 귀곡자를 높이 평가했던 명나라 때 문인 양신의 작품으로, 『삼국지연의』에 나오는 「서사」입니다.

장강은 넘실넘실 동쪽으로 흐르는데, 물거품처럼 사라진 영웅들이여, 시비와 성패 모두 눈 깜짝할 사이에 헛된 공으로 돌아갔구나. 청산은 옛날 그대로인데, 붉은 석양은 몇 번이나 지나갔던가. 강가에서 고기 잡고 나무하는 백발의 늙은이, 가을 달 봄바람 익히도 보았으리니, 한 병 탁주로 반갑게 만나서 고금의 수많은 사건을 모두 다 웃으며 이야기해보지 않겠는가.

滾滾長江東逝水, 浪花淘盡英雄, 是非成敗轉頭空, 青山依舊在, 幾度夕陽紅, 白髮漁樵江渚上, 慣看秋月春風, 一臺濁酒喜上逢, 古今多少事, 都付笑談中.

영웅들의 장대한 다툼을 묘사한 『삼국지연의』의 「서사」에서 영웅을 물거품으로 비유한다는 것이 참으로 역설적입니다. 모든 것은 저 강물의 물거품처럼 사라질 뿐입니다. 그렇지만 이렇게 변화무쌍하고 모든 것이 물거품으로 돌아가는 비극적이면서도 우발적인 세계 속에서 우리는 허무에 빠져 술이나 마시며 웃기만 해야 할까요? 정치의 영역에서 긴박한 문제가 끊임없이 발생할 때 허무하고 냉소적인 태도는 사치입니다.

이런 운명의 비극성을 받아들이면서도 능동적으로 정치 문제에 개입하려는 의지를 가질 수는 없을까요? 앞서 말씀드렸듯이 서양에서 권모술수로 유명한 사람은 『군주론』Il Principe의 저자인 마키아벨리Niccolò Machiavelli일 것입니다. 영어로 마키아벨리즘machiavellism은 군주나 정치가가 목적 달성을 위해 수단을 가리지 않고 권모술수를 다하는 것을 의미합니다.

철학자 알튀세르Louis Pierre Althusser는 『마키아벨리의 가면』Machiavel et Nous에서 마키아벨리의 철학적 특성을 '사로잡음'으로 설명합니다. 마키아벨리는 전에는 전혀 본 적이 없는 '새로움'을 보여주었기 때문입니다. 그 새로움은 고전 철학에서는 볼 수 없었던 낯선 것의 시작이기도 합니다.

마키아벨리와 더불어 시작하는 것은 무엇일까요? "역사, 통치자, 통치술과 전쟁법, 간단히 말해 전통적으로 실증 과학, 정치 과학의 토대라고 여겨졌던 모든 것에 대한 진정한 이해"입니다. 알튀세르가 주목하는 마키아벨리의 말은 이렇습니다.

나에게는 사물을 현실적 진리 그대로 표상하는 것이, 가상적으로 표상하는 것보다 낫다고 여겨진다.

여기에서 '사물의 현실적 진리'는 객관적인 정치 현실을 의미합니다. '가상적인 표상'은 정치에 관한 주관적 이념을 말합니다. 마키아벨리가 강조하는 것은 이 '현실 정치'입니다. 그는 기존의 지배 이데올로기에 대항하면서 오직 현실 정치로부터 출발하는 자신의 사상을 확립합니다. 이러한 정치적 태도는 근대 정치의 시작이었고 현재까지 지속되어 영향을 미치고 있습니다.

알튀세르는 마키아벨리와 더불어 고전 철학에서는 볼 수 없는 새로움이 시작됐다고 하지만, 필자가 생각하기에 그러한 '새로움'은 중국 고대에서는 별로 새롭지 않습니다. 기본이지요.

귀곡자는 이러한 정치 현실, 즉 권력 관계의 형세를 파악할 것을 강조합니다. 그래서 정치 현실을 객관적으로 인식하기 위한 현실적인 정보를 먼저 장악할 것을 역설합니다.

고대에 천하의 정치를 잘했던 자는 반드시 천하의 권력 관계에 대한 정보를 헤아리고 제후의 현실 정보와 심리 정보를 파악했다. 권력 관계에 대한 정보를 헤아리는 데에 주도면밀하지 못하면 각국의 강약과 경중의 대칭 관계를 알지 못하고 심리 정보를 파악하는 데에 주도면밀하지 못하면 은밀하게 감추어진 변화의 동정을 알지 못한다.
古之善用天下者, 必量天下之權, 而揣諸侯之情. 量權不審, 不知强弱

輕重之稱, 揣情不審, 不知隱匿變化之動靜.(『귀곡자』「췌」)

귀곡자는 이 권력 관계에 대한 정보를 구체적으로 나열합니다. 영토, 인구, 경제력, 군사력, 지리적 형세, 군주와 신하의 관계, 브레인의 구성 요소, 백성의 실정과 정서 등 사회 과학에서 얘기하는 모든 요소를 망라합니다. 군주의 심리 정보도 포함됩니다.
뜻밖에도 이런 현실적 사고를 가진 귀곡자가 다음과 같은 말을 합니다.

세상에는 고정된 가치란 없고 어떤 일에도 고정된 지도자는 없다.
世無常貴, 事無常師.(『귀곡자』「오합」)

귀곡자도 저 강물의 물거품처럼 사라질 뿐인 우발적인 세상과 인간을 말합니다. 그러나 귀곡자는 허무하거나 냉소적이지 않습니다. 오히려 이런 운명의 비극성을 받아들이되 현실을 직시하고 정치 영역에서의 주도권 장악을 중요시합니다.

그래서 정치적인 일에서 타인에게 제어당하는 것보다 타인을 제어하는 것이 더 중요하다고 말하는 것이다. 사람을 제어한다는 것은 권력을 장악하는 것이고, 타인에게 제어당하는 것은 운명을 제압당하는 것이다.
事貴制人, 而不貴見制於人. 制人者, 握權也, 見制於人者, 制命也.(『귀곡자』「모」)

마키아벨리가 새롭게 발견한 것은 현실 정치입니다. 귀곡자도 이 점을 강조합니다. 그러나 오해하지 말아야 할 것이 있습니다. 현실 정치를 강조한다고 해서 이념의 순수성을 잃은 기회주의적인 태도라고 폄하할 수는 없다는 것입니다. 현실로부터 출발한다는 것이 중요합니다.

현실로부터 출발해야 한다는 말은 현실의 흐름이 이러하니 현실의 흐름을 따라서 자신의 목적을 이루도록 행동하라는 것도 아니고 현실의 이익만을 추구하라는 것도 아닙니다. 현실의 지형과 객관적 조건을 냉정하고 면밀하게 파악하고, 거기에 잠재된 가능성을 창출할 수 있는 현실적 전략을 구사해야 한다는 말입니다.

이는 동시에 현실을 무시한 이념을 무모하게 강제하지 말라는 의미이기도 합니다. 이념의 과잉은 현실 정치를 제대로 파악하지 못하게 만들 수도 있습니다. 정치 이념만을 강조하면서 현실 정치를 다룰 줄 아는 전략적 사고가 없다면 독단적이기 쉽습니다. 마키아벨리는 또 이렇게 말합니다.

> 인간이 어떻게 사는가는 인간이 어떻게 살아야 하는가와는 너무도 다르기 때문에 일반적으로 행해지는 바를 따르지 않고 마땅히 해야 하는 바를 고집하는 통치자는 권력을 유지하기보다는 잃기 십상이다.

현실 정치를 냉정하게 바라보고 그 속에서 발휘하는 정치 능력을 마키아벨리는 비르투virtu라 불렀습니다. 그리고 이 비르투를 가지고 우발적으로 나아오는 포르투나fortuna, 즉 운명을 극복할 수 있다고 주장했습니다. 도덕은 원칙을 지키는 것이지만 정치란 예측 불허의 변화무쌍한 환경에 대응하는 능력입니다. 나중에 말씀드리겠지만 귀곡자는 이 비르투와 비슷하게 '권도'權道를 말합니다.

마키아벨리의 위대성은 현실 정치를 무시하고 원칙만을 강조하려는 도덕주의자와 현실에 유연하게 대응해 최선을 실현하는 정치가를 구별했다는 점입니다. 정치와 도덕을 분리했다기보다는 정치 영역의 특이성을 강조한 것입니다.

정치적인 문제는 도덕에만 기대서는 해결할 수 없는 복잡하고 미묘한 세계입니다. 현실적인 힘과 욕망이 작용할뿐더러 이해관계가 상충하기 때문입니다. 이렇게 현실적 조건이 추잡하다고 해서 회피할 수는 없습니다. 순수한 이념을 견지하되, 현실을 다루어야 합니다.

귀곡자도 마찬가지입니다. 현실 파악과 정보 장악이 우선 조건입니다. 마키아벨리는 도덕을 무시하고 수단을 가리지 말고 권모술수만 사용하라고 말하지 않았습니다. 현실 상황을 무시하고 언제나 도덕적인 행위만 하다가는 일을 그르칠 수 있으므로, 다양한 가면을 쓰고 유연하게 정치 행위를 하라고 주장했습니다.

> 모든 것을 신중하게 고려할 때, 얼핏 유덕한 것으로 보이는 어떤 일을 하는 것이 자신의 파멸을 초래하는 반면, 일견 악덕으로 보이는 다른 일을 하는 것이 결과적으로 자신의 입장을 강화시키고 번영을 가져오는 경우가 있기 때문이다.

마키아벨리가 말하려는 것은 상대에게 그렇게 보이게 하는 가면을 쓰는 능력과 상황에 따라 변화해 대처할 수 있는 능력이며 순간적인 결단과 전략입니다. 귀곡자도 이런 능력을 강조합니다. 귀곡자가 묘사하는 성인聖人은 이러합니다.

마치 천 길이나 되는 제방 꼭대기에서 제방의 물을 터뜨릴 수 있고, 만 길이나 되는 계곡에서 둥근 돌을 굴릴 수 있다.
決水於千仞之堤, 轉圓石於萬仞之谿.(『귀곡자』「본경음부칠술」)

천 길 낭떠러지의 제방 꼭대기에서 제방의 물을 터뜨리는 과감한 결단과 울퉁불퉁한 만 길의 계곡에서 둥근 돌을 굴릴 수 있는 현실적 유연성이 귀곡자가 말하는 성인의 모습입니다. 귀곡자는 이런 전략적 능력을 '환'環, 즉 고리로 상징합니다. 고리 모양의 바퀴는 땅의 지형이 어떠하건 관계없이 거기에 맞춰 유연하게 굴러갈 수 있기 때문입니다.

귀곡자가 말하는 유세의 방식과 전략의 특징도 이 고리로 상징할 수 있습니다. 이것이 '권도'權道입니다. 흔히 '권도'를 '정도'正道와 대비해서 권모술수적인 태도를 강조하기도 합니다. 그러나 '權'(권)은 본래 저울의 추를 의미합니다. 그래서 '권도'란 단지 권모술수의 비열함이 아니라 '정도'를 현실에 실현할 때 다양한 상황과 조건을 고려하는 상황 대처 능력입니다. 무조건 원칙을 지킨다는 고집이 오히려 현실에서는 많은 사람에게 피해를 주는 경우도 있으니까요. 공자도 이 '권도'의 문제를 폄하하지 않았습니다.

더불어 배울 수는 있지만 더불어 도道로 나갈 수는 없다. 함께 도로 나갈 수는 있지만 더불어 설 수는 없다. 더불어 설 수는 있지만 더불어 권도(權)의 경지에 이를 수는 없다.
可與共學, 未可與適道, 可與適道, 未可與立, 可與立, 未可與權.(『논어』「자한」)

여기서 유연한 현실적 실천 능력으로서 '권도'를 최후의 단계라고 공자는 말합니다. 이 구절에 대해서 주자는 "경중을 저울질해 상황에 합당하도록 만드는 것이다"(謂能權輕重, 使合義也)라고 해석합니다. 맹자는 좀 더 적극적으로 해석합니다.

> 중간을 잡은 것은 도에 가깝다. 그러나 중간을 잡고 저울질함(權)이 없는 것은 한쪽을 잡고 집착하는 것과 같다. 한쪽을 잡고 집착하는 것을 미워하는 이유는 도를 해치기 때문이니 하나에 집착해 백 가지 가능성을 없애버린다.
> 子莫執中. 執中爲近之. 執中無權, 猶執一也. 所惡執一者, 爲其賊道也, 擧一而廢百也.(『맹자』孟子「진심 상」盡心上)

맹자에 따르면 권도란 이쪽과 저쪽의 중간이 아닙니다. 복잡한 현실에 대해 저울질 같은 섬세한 판단이 없다면 그것은 오히려 도를 해치는 편협한 고집입니다. 더욱 큰 문제는 현실 속에 잠재된 그 밖의 백 가지 가능성을 없애는 것입니다.

『귀곡자』를 읽어보면 '경중을 저울질 한다'는 표현이 많이 나옵니다. 결국 끊임없이 변화하고 복잡 다양한 현실 세계 속에서는 고정된 진리를 강제할 것이 아니라 항상 현실적 상황성과 역동적 평형성이 고려되어야 합니다.

순진한 미덕보다 융통성 있는 악덕이 아름답다

귀곡자에게 권도는 사기술이라기보다 현실 정치를 신중하게 고려해 현실의 조건에서 최선의 실천 역량을 이끌어내는 정치력입니다. 이는 정치적으로 볼 때 자신의 이념과 도덕을 구체적인 현실 속에 실현시키려는 정치 전략이자 정치 공학political manipulation입니다. 귀곡자는 이렇게 말합니다.

> 단지 충직과 신뢰와 사랑과 정의가 중요한 것이 아니라 그것들을 현실 조건에 합당하도록 만드는 시의적절한 올바름이 중요할 뿐이다.
> 非獨忠信仁義也, 中正而已矣.(『귀곡자』「모」)

여기서 필자가 '시의적절한 올바름'이라고 번역한 '中正'(중정)은 中(중)을 이룬 正(정)이라고 풀 수 있습니다. 요즘 정치권에서 중도中道라는 용어가 사용되고 있습니다. 마치 좌파도 우파도 아닌 그 중간쯤 되는 입장이라는 듯이 들립니다.

그러나 귀곡자의 중中은 이쪽과 저쪽의 중간이나 중립이라는 의미가 아닙니다. 오히려 '상황에 가장 효과적으로 대처한 올바름'을 뜻하는 '시중'時中에 가깝습니다. 올바른 원칙일지라도 상황을 냉정하게 파악해 적절하게 대처하지 못하면 상황에 합당한 효과를 얻지 못합니다.

물론 '효과'라고 해서 실용주의적인 효용성만을 주장하는 것은 아닙니다. 올바름만을 고집하고 현실을 무시할 때 발생할 수 있는 최악의 결과를 고려하는 신중한 숙고를 강조하는 것입니다.

모든 올바름(正)이 상황의 합당함(中)을 이루는 것은 아니지만 상황의 합당함을 이루었다는 것은 올바름을 지켰을 때만이 가능합니다. 또 올바름을 지키지 못하고 무조건 현실에만 따르는 태도는 권도가 아니라 굴종적인 기회주의일 뿐입니다.

이런 태도는 자신의 올바름만을 고집하고 강제하는 것이 아닙니다. 인간과 현실을 고려해 제어하고 타협하고 유도하는 능력입니다. 귀곡자는 이렇게 말합니다.

> 올바름을 지키는 것이란 사랑과 정의를 고수하되 상대의 마음속에 담긴 의도를 찾아 합치하려는 것을 말한다. 타인의 마음속에 담긴 의도를 찾고 주된 핵심을 얻어, 밖에서 타인의 내부를 제어하는 것이다.
> 守義者, 謂守以仁義, 探心在內以合也. 探心深得其主也, 從外制內.(『귀곡자』「중경」)

충직과 신뢰 그리고 사랑과 정의는 분명 올바른 원칙입니다. 그러나 상대의 조건과 현실적 조건에 따라 어떻게 실현되는지가 더욱 중요합니다. '송양지인'宋襄之仁이라는 말을 들어보신 적이 있을 것입니다.

춘추 시대 제후 가운데 송나라 양공襄公은 맹주를 꿈꾼 인물입니다. 양공은 초나라와 전쟁을 벌일 때 수적으로 우세한 초나라와 싸우는 것은 불가능하다는 신하의 충고를 듣지 않았습니다. 송나라 군대는 인의仁義의 군대이기 때문에 수적인 불리는 문제될 것이 없다고 호언하면서요.

또한 실제 전투에서 늦게 도착해 강을 건너는 초나라 군사를 공격하라는 재상의 충고도 듣지 않았습니다. 군자는 상대의 약점을 노리지 않는 것이고 전열이 갖추어지지 않은 적군을 치는 것은 비겁한 행위이기 때문입니다. 양공은 인의의 군사는 상대가 불리할 때 공격하지 않는다는 원칙을 고집했던 것입니다. 양공은 초나라 군대가 전열을 정비한 뒤에 공격했지만 크게 패하고 부상을 입은 뒤 죽게 됩니다.

이를 세상 사람들은 비웃었습니다. 그러나 사마천은 비웃지만은 않았습니다. 오히려 중국에 예의가 없음을 한탄하며 양공의 예의와 양보를 높이 평가하는 사람들의 말도 기록해두었습니다.

어떤 면에서 사마천의 생각은 틀리지 않습니다. 춘추 시대의 전쟁에는 예禮가 있었습니다. 당시 군례에서 적을 기습 공격하는 것은 비난받을 일이었습니다. 하지만 춘추 시대 말기부터 전국 시대에는 이런 군례를 지키는 전쟁이 점차 사라집니다. 전쟁은 거대해지고 다양한 무기와 기술 그리고 전략이 생겨났지요.

송나라 양공의 문제는 이러한 시대적 변화 속에서 정치적 야심을 가지고 있으면서도 인의만을 외쳤다는 점입니다. 군례가 무너지고 전쟁 기술이 정교해지는 현실적 변화를 외면하고 신하가 만류하는 전쟁을 감행하면서도 인의만을 고집했습니다. 현실을 돌아보지 않은 채 오직 인의에 대한 자신의 신념을 고집했기 때문에 패한 것은 아닐까요?

지도자가 무모하게 신념만을 고집하며 자신만 고상한 척하고 현실에 유연하게 대처하지 못한다면, 그나마 본인은 인의를 지켰다는 명예를 얻는다고 치더라도 그 밑에 있던 부하와 조직은 어떻게 되겠습니까? 실패할 수밖에 없고 피해를 입을 수밖에 없습니다.

정치의 영역에서는 올바름의 신념만을 강제해서는 안 됩니다. 올바르지 않은 방식처럼 보이더라도 그것이 현실에서 가져올 효과를 면밀하고 신중하게 고려하는 '책임'이 강조되어야 합니다. 그러한 위험을 감수하고 위기 상황을 유연하게 대처하겠다는 책임을 감당하지 못하는 정치가는 현실 정치를 다루지 못합니다.

권도란 현실적 유연성을 강조하지만 동시에 책임 윤리를 지키는 능력입니다. 자신의 결단과 행위가 가져올 결과와 효과에 책임을 지려 하지 않고 세상 탓, 백성 탓을 하면 정치가로서 능력이 없는 겁니다.

일반적으로 미덕과 악덕은 쉽게 구분됩니다. 그러나 표면적으로는 순진한 미덕처럼 보여도 현실에서는 미련한 옹고집이 될 수도 있고, 교활한 악덕처럼 보여도 현실에서는 문제를 해결할 융통성 있는 지혜로 기능할 수도 있습니다. 순진한 미덕보다는 융통성 있는 악덕이 아름다울 수도 있지 않을까요? 그리고 그러한 악덕을 감당할 수 있는 정치가만이 현실 정치를 다룰 수 있지 않을까요?

그런 의미에서 마키아벨리가 발견한 새로움은 현실 정치에 대한 명확한 인식이었습니다. 귀곡자의 출발점도 그러합니다. 정치적 능력은 현실 정치에 대한 냉정한 판단으로부터 비롯됩니다. 귀곡자는 이렇게 말합니다.

가장 잘 변통하는 사람은 현실의 형세를 면밀하게 살펴서 천명에 통한다.
善變者, 審知地勢, 乃通於天.(『귀곡자』「내건」)

필자는 여기서 '현실의 형세'라고 번역된 '地勢'(지세)라는 말에 주목하고 싶습니다. '勢'(세)는 우리말에서 시세, 형세, 판세 등등 여러 가지로 응용됩니다. 마키아벨리가 말하는 현실 정치와도 통하며, 주관적 편견이나 관념이 개입되지 않은 현실 그 자체의 흐름과 변화를 가리킵니다.

권모술수로서 전략은 귀곡자가 말하는 현실의 형세와 관련됩니다. 세는 현실 정치의 지형과 흐름입니다. 또한 『손자병법』의 중요한 개념이 바로 이 세이며, 귀곡자의 이런 사고는 『손자병법』과 관련됩니다.

귀곡자가 말하는 성인의 모습을 '만 길이나 되는 계곡에서 둥근 돌을 굴릴 수 있는' 사람으로 설명한 적이 있었습니다. 『손자병법』에도 이와 유사한 구절이 있습니다. 전쟁을 잘하는 사람은 "천 길이 되는 산에서 둥근 돌을 굴리는 것과 같으니, 이것이 곧 세이다."(如轉圓石於千仞之山者, 勢也. 『손자병법』「세」)

전쟁을 잘하는 사람은 세를 잘 이용할 줄 아는 사람이라는 뜻입니다. 전쟁에서는 이 세를 이용하는 것이 가장 어려운 일이며, 『손자병법』에서 강조하는 부분도 이 세를 조성하는 방식입니다. 『손자병법』「세」의 첫 문장은 이러합니다.

> 전쟁은 정병正兵으로 적과 맞서 싸우되, 기병奇兵으로 결정적인 승리를 쟁취하는 것이다.
>
> 凡戰者, 以正合, 以奇勝.

마쥔馬駿 교수는 『손자병법 교양강의』에서 정병이 "정면으로 적과 전쟁하는 형태로서 정공법", 기병이 "전쟁터의 형세에 따라 예상 밖의 군대를 출동시켜 결정적인 승리를 거두는 형태로서 비대칭 작전"이라고 말합니다. 간단하게 보면, 원칙대로 싸우는 정면 공격과 현실의 형세에 따라 작전을 바꾸는 기습 공격이라고 이해해도 좋을 듯합니다.

귀곡자는 전략적으로 정면 공격보다는 기습 공격을 더 중요하게 생각했습니다.

계획과 전략을 사용할 때는 …… 틀에 박힌 정도正道보다 현실에
적합한 기발한 방식(奇), 즉 권도가 더 중요하다.
計謀之用, …… 正不如奇.(『귀곡자』「모」)

『손자병법』에서 정면 공격과 기습 공격에 해당하는 정正과 기奇라는 말을 귀곡자도 동일하게 사용합니다. 여기서 필자가 '기발한 방식'이라고 번역한 글자 '奇'(기)는 『손자병법』에서 기병, 기습 공격이라고 번역한 '奇'입니다. 전국 시대 명가名家로 유명하고 직하학파로 알려진 제나라 윤문尹文의 책 『윤문자』尹文子에서는 이 '기'를 권술權術이라고 설명합니다.

귀곡자는 현실 정치에서 전략을 사용할 때 정도보다는 현실에 적합한 기발한 전략, 즉 권도를 더 강조합니다. 결국 권도란 병술에서와 마찬가지로 세를 운용하는 것과 같습니다. 충忠·신信·인仁·의義 같은 도덕도 세를 운용하는 능력, 곧 현실 정치를 다루는 능력이 없다면 실현하기가 매우 어렵습니다.

그러나 이 '정도'와 '권도'가 대립되는 것은 아닙니다. 권도는 정도가 현실에 적합하게 변화된 양태일 뿐입니다. 이것이 귀곡자가 말하는 권도이고 중도입니다. 이쪽과 저쪽의 중간이 아닌 주어진 현실의 조건을 주도면밀하게 고려해 최선의 효과를 이끌어내는 전략입니다.

모든 신하를 위한 신하론

복잡하고 다양한 현실 속에서 이 권도를 실현하는 것은 매우

어렵습니다. 시퍼런 칼날 위에 서는 것보다 어려운 일이지요. 예를 하나 들어보겠습니다. 군신유의君臣有義란 군주와 신하가 정의로 관계를 맺는다는 뜻입니다. 또 불사이군不事二君은 두 군주를 섬기지 않고 한 군주에게 충성한다는 의미입니다. 대표적인 예가 백이伯夷·숙제叔齊입니다. 모두 '정도'로서 올바른 원칙입니다.

이제 두 가지 원칙이 충돌할 경우를 생각해봅시다. 군주와 신하가 정의로 관계를 맺는 것은 이상적인 모습입니다. 그러나 현실이 그러할까요? 군주와 정의로 관계 맺지 못할 때는 어떻게 해야 할까요? 정의로 관계 맺지 못할 뿐 아니라 정의롭지도 못한 군주는 또 어떻게 해야 할까요? '불사이군' 원칙을 실천해야 할까요?

이상적인 군주는 천 년에 한 번 나올까 말까 한 반면, 폭력적이고 어리석은 군주는 아주 흔합니다. 정치의 현실 자체가 그렇습니다. 어떻게 해야 할까요? 그런 군주가 나타나지 않는 이 운명을 탓해야 할까요, 아니면 나타나기만을 학수고대해야 할까요? 귀곡자는 자신의 이념과 전략에 맞는 군주를 찾아가라고 권합니다.

> 도모하는 일을 성공시키려면 현실에 합당한 계획과 전략에 부합되는 군주를 만나야 하므로 결별과 연대의 기술을 사용해야 한다. 이쪽과 마음이 합치하고 저쪽과 마음이 갈라졌을 때는 두 쪽 모두에 자신의 계획과 전략을 충실하게 수행할 수 없다. 그래서 반드시 배반의 기술이 있어야 한다. 이쪽으로 돌아가려면 반드시 먼저 저쪽과 결별하고, 이쪽과 결별하고 나서 저쪽으로 돌아가야 한다.
> 成於事而合於計謀, 與之爲主. 合於彼而離於此, 計謀不兩忠. 必有反忤. 反於是, 忤於彼, 忤於此, 反於彼.(『귀곡자』「오합」)

흔히들 불사이군을 유학의 근본 윤리인 것처럼 말하는데 그건 아니라고 봅니다. 정의롭지 못한 군주는 천명天命에 의해 갈아치울 수도 있다고 본 사람이 맹자입니다. 유가에서 위대한 군주로 평가하는 탕왕湯王은 폭군 걸왕桀王을 죽이고 은나라를 건국했고 무왕武王은 폭군 주왕을 죽이고 주나라를 건국했습니다.

그러나 한비자는 철저히 군주의 입장에서 탕왕과 무왕을 평가합니다. 탕왕은 걸왕을 추방하고 무왕은 주왕을 토벌했다고 평가하면서 "이득을 탐내려는 의도"이며 "반란의 전쟁"이었다고 혹평합니다. 맹자의 평가는 한비자와는 완전히 다릅니다. 맹자는 인의를 망친 도적놈을 죽였다는 말은 들어보았어도 군주를 시해했다는 말은 들어보지 못했다고 말하지요.

귀곡자는 탕왕과 무왕이나 걸왕과 주왕에 주목하지 않습니다. 오히려 탕왕과 무왕을 도왔던 신하 이윤과 강태공에 주목합니다. 모두 개국공신으로 탕왕과 무왕을 도와 혁명을 도왔던 현자입니다. 탕왕은 이윤을 발탁했고 문왕은 강태공, 즉 여상呂尙을 등용했습니다. 귀곡자는 이들을 이렇게 평가합니다.

이윤은 다섯 차례 탕왕에게 갔고 다섯 차례 걸왕에게 갔다가 걸왕을 깨우칠 수 없어서 그 후에 탕왕과 연대했다. 여상은 세 차례 문왕에게 갔고 세 차례 은나라에 들어갔다가 깨우칠 수가 없어 그 후에 문왕과 연대했다.
伊尹五就湯, 五就桀, 而不能有所明, 然後合于湯. 呂尙三就文王, 三入殷, 而不能有所明, 然後合于文王.(『귀곡자』「오합」)

이윤과 여상은 걸왕과 주왕을 버리고 탕왕과 문왕에게로 갔던 것입니다. 왜 떠났을까요? 걸왕과 주왕을 설득해보았지만 그들은 함께 정치를 행할 만한 군주가 아니었기 때문입니다.

귀곡자는 '두 편 모두에게 충직하게 할 수가 없기' 때문에 이쪽과 합하려면 반드시 먼저 저쪽을 거부해야 한다고 했습니다. 현실적으로 정의로운 군주와 정의롭지 못한 군주를 선택해서 한쪽을 배반하고 한쪽을 섬겨야 하는 것이지요.

다만 이렇게 하기는 매우 어렵습니다. 문제는 이렇습니다. 섬기던 군주를 배반할 때는 '괘씸한 놈이군'이라고 원한을 사기 쉽고, 갑자기 새로운 군주와 친해지려 하면 '얘가 왜 이렇게 나에게 친근하게 굴지? 뭔가 다른 목적이 있는 것은 아닐까?' 하고 의심을 받기 쉽습니다.

그래서 배반과 연대의 기술이 필요합니다. 배반을 하되 배반당하는 사람이 원한을 갖지 않게 해야 후환이 없고, 자신의 뜻에 맞는 군주를 찾아가되 찾아간 군주가 의심을 갖지 않게 한 후에야 자신의 뜻을 행할 수 있으니까요.

탕왕이 하나라의 폭군 걸왕을 정벌하고 은나라를 세울 때 천명이 바뀌었다는 정치적 이념을 제공한 사람이 이윤입니다. 그는 떠날 때도 원한을 남겨 죽임을 당하지 않았고 새로운 군주에게 갈 때도 정치적 명분을 제공해 의심하지 않게 했습니다. 귀곡자는 이렇게 표현합니다.

> 그래서 상대와 결별할 때도 마음이 틀어지는 원한이 없고, 친해질 때도 의심의 흔적이 없으니 자유롭게 혼자 떠났다가 혼자 다가와도 아무도 그것을 막지 못한다.
> 出無間, 入無朕, 獨往獨來, 莫之能止.(『귀곡자』 「내건」)

원한과 흔적이 없다는 것이 중요합니다. 이는 정의롭지 못한 군주일지라도 이별할 때는 예의가 필요하고, 정의로운 군주와 연대할 때도 올바른 명분이 필요하다는 의미입니다. 그런데 올바른 명분이란 무엇일까요? 귀곡자는 이윤과 여상의 행위를 이렇게 평가합니다.

> 이것이 천명의 부득이함을 아는 것이다. 그래서 모든 것을 의심하지 않고 돌아가 연대할 수 있었다.
> 此知天命之箝, 故歸之不疑也.(『귀곡자』「오합」)

이윤과 여상은 권력을 쫓아 이리저리 날아다니는 철새 정치인이 아니었습니다. 그렇다고 불사이군을 실천했던 백이·숙제와 같은 충신도 아니었습니다. 걸왕과 주왕은 최고 권력자였고 탕왕과 문왕은 제후에 불과했습니다. 신하인 탕왕과 문왕이 최고 권력자인 걸왕과 주왕에게 덤빈 것이지요. 하극상입니다. 이윤이나 여상은 그 일을 도운 것입니다.

귀곡자는 이를 '천명의 부득이함'을 아는 것이라 표현했습니다. 천명은 하늘에서 떨어지는 어떤 계시와 같은 것도 아니고 미리 정해진 숙명도 아닙니다. 아까 말씀드렸듯이 귀곡자는 '가장 잘 변통하는 사람은 현실의 형세를 면밀하게 살펴서 천명에 통한다'고 했습니다.

그러나 천명의 부득이함을 어떻게 알 수 있을까요? 귀곡자의 말에 따른다면 천명은 현실의 형세에 대한 명확한 인식으로부터 알게 됩니다. 천명을 마땅히 해야만 하는 당위적 명령으로 이해한다면 그것은 현실과 무관하게 하늘로부터 강제되는 것이 아니라 현실적 조건 속에 잠재된 것이 드러나는 것입니다. 그럴 때 '천명의 부득이함'은 주어진 현실적 조건 속에 잠재된 최선의 가능성이 아닐까요?

그래서 문제는 결국 현실 정치입니다. 귀곡자가 강조하는 것은 현실을 외면하지 않고 직시하는 냉정한 태도이며 그 현실을 대처하는 전략과 인내입니다. 이런 태도와 전략을 상대에게 드러내서는 안 됩니다. 감춰야 합니다. 현실에 대한 정보 파악과 전략의 운용을 상대가 눈치 채지 않게 해야 합니다. 이것이 귀곡자가 말하는 음모입니다. 다음은 음모의 문제를 생각해보겠습니다.

제5강

보이지 않는 장치

보이지 않는 장치

필자는 요즘 '장치'라는 개념에 대해 흥미를 가지게 되었는데, 조르조 아감벤Giorgio Agamben의 『장치란 무엇인가』Che cos'e un dispositivo?를 읽고 많은 힌트를 얻었습니다. 이 개념은 미셸 푸코Michel Foucault의 사유 전략에서 가장 중요한 용어입니다. 간단히 말하면, 장치란 사회 안에서 권력의 작동을 유지하기 위해 고안된 여러 가지 제도적이고 물리적이고 행정적인 메커니즘이나 지식 구조와 같은 것을 의미합니다.

미셸 푸코는 장치가 전략적인 것이고, '힘 관계에 대한 어떤 조작'이며 '합리적이고 계산적인 개입'이라고 말합니다. 그리고 이런 개입과 조작은 '힘 관계를 특정한 방향으로 발전시키거나 봉쇄하거나 안정시켜 사용하기 위한 것'이라고 말합니다. 간단히 말하면 '힘 관계의 전략'입니다.

아감벤은 장치라는 개념을 그리스어 '오이코노미아'οικονόμια와 연결해서 설명합니다. 오이코노미아는 오이코스οἶκος와 노모스νόμος의 합성어로서 경제를 뜻하는 영어 'economy'의 어원입니다. 쉽게 말하면 가정 관리, 조절, 경영을 뜻합니다. 그러나 아감벤은 오이코노미아를 "인간의 행동, 몸짓, 사유를 유용하다고 간주된 방향을 향해 운용, 통치, 제어, 지도하는 것을 목표로 하는 실천, 앎, 조치, 제도의 총체"라고 정의합니다.

좀 어려운 말로 설명 드렸습니다만, 장치란 인간의 삶 속에서 작동해 인간의 행위와 심리를 제어하기 위해 조작하고 개입하는 어떤 메커니즘이라고 할 수 있을 것입니다. 이런 철학적 개념보다는 아주 쉽게 일상생활에서 경험할 수 있는 예를 들어보겠습니다.

필자는 유가와 법가의 차이를 설명하기 위해 이런 비유를 들곤 합니다. 마트에 안 가보신 분들은 없을 것입니다. 마트에 가면 제일 먼저 물건을 담는 카트를 사용해야 합니다. 그 카트를 연결고리에서 빼서 끌어내기 위해서는 백 원짜리 동전을 넣어야 합니다. 그리고 다 쓴 후에 카트를 제자리에 가져다 놓으면 백 원짜리 동전을 다시 돌려받습니다. 따라서 대체로 사람들은 카트를 아무 곳에나 내던지고 그냥 돌아오지 않습니다.

단순하지만 백 원짜리 동전을 넣어 카트를 쓰는 시스템은 카트의 사용을 조정하고 마트의 질서를 유지하는 데 효과적입니다. 여기서 질문 하나 드리겠습니다. 기분 나쁘시지는 않았습니까? 뭔가 이용당하고 있다는 묘한 기분이 들지 않았습니까? 마트 사장은 고객을 믿지 못하는 것은 아닐까요? 그는 고객이 카트를 쓰고 제자리에 가져다 놓지 않을 사람이라고 판단했던 것입니다.

그래서 카트라는 장치와 백 원짜리 동전으로, 고객이 의식하지 못하게 카트를 쓰고 제자리에 갖다놓도록 유도한 것이지요. 백 원짜리 돈에 대한 사소한 집착과 이기적인 심리를 이용해 마트의 질서를 유지하려 한 것입니다. 더 기분 나쁜 것은 그것을 사람들이 의식하지 못하게 만들었다는 것입니다.

이것도 하나의 '장치'일 수 있습니다. '장치'를 통해 손님의 자발적인 행위를 유도하는 것입니다. 전 이런 '부정적 장치'를 이용해 인간의 행위를 유도하는 방식이 법가의 중요한 시각이라고 생각합니다. '부정적 장치'라고 한 이유는 인간의 이기적이고 부정적인 심리를 이용하기 때문입니다.

그러나 다른 방식의 장치도 생각해볼 수 있습니다. 고객의 도덕심에 호소할 수도 있겠지요. 여러 가지 캠페인을 벌이면서 소비자에게 카트를 질서 있게 사용하는 방식을 계몽합니다. 그래서 고객이 카트를 무질서하게 이용하지 않고 제자리에 갖다 놓도록 질서 의식을 갖게 해 스스로 행동하도록 만듭니다. 교화敎化시키는 것입니다. 유가에서 말하는 예교禮敎이지요.

필자는 이것을 법가의 '부정적 장치'와 구별해 '긍정적 장치'라고 말하고 싶습니다. '긍정적 장치'라고 한 이유는 인간의 도덕심을 이용해 자발적인 복종과 행위를 이끌어내기 때문입니다. 물론 장치의 기능을 의식하지 못하게 하는 것은 동일합니다.

이 두 가지 '장치'의 공통점은 두 가지입니다. 첫째, 부정적이든 긍정적이든 상대의 조건을 이용한다는 점. 둘째, 상대가 모르게 한다는 점. 필자는 이 두 가지 장치로서의 속성을 귀곡자의 '음모'를 생각할 중요한 단서로 봅니다.

음모의 기원

귀곡자가 말하는 설득의 전략은 음모적인 성격을 지녔습니다. 음모란 참 칙칙한 말이지요. 음모의 사전적 정의는 '나쁜 목적으로 몰래 흉악한 일을 꾸미는 일'입니다. 그러나 귀곡자에게 이런 의미보다 더 강조되어야 할 것은 '장치'와 관련된 특성이며 그것이 가진 정치적인 맥락입니다.

귀곡자가 말하는 유세를 통한 설득은 상대를 감동시켜 변화시키는 것입니다. 이것은 폭력적 강제가 아니라 말을 통한 설득의 힘입니다. 설득이 가능한 이유는 '보이지 않는 장치'를 이용하기 때문입니다. 이런 장치를 이용해 상대가 수치를 느끼지 않게 하고 강제적이라고 생각하지 않게 하면서 스스로 그 행위를 자발적으로 행하고 있다고 믿게 만드는 것입니다.

그렇다면 부정적 장치든 긍정적 장치든 이런 장치의 특성은 어디로부터 유래했을까요? 필자는 병가兵家에서 그 기원을 찾고 싶습니다. 장치의 특성은 상대의 조건을 역이용하고 상대가 모르게 한다는 것입니다.

재미있는 예를 먼저 말씀드리겠습니다. 전쟁의 기술과 동일하게 무술에서도 이런 장치의 특성을 볼 수 있습니다. 영화배우이자 무술가였던 이소룡李小龍은 이렇게 말했다고 합니다. "가장 뛰어난 기술은 아무 기술도 없는 것이다." 그러나 정말 아무 기술이 없는 것이 뛰어난 기술이라는 말일까요? 아닙니다. 아무 기술이 없는 것처럼 상대에게 느껴지게 만드는 기술이 최고의 기술이라는 말입니다.

왜 그럴까요? 이소룡의 말에 답이 있습니다. "내 기술은 당신이 사용한 기술의 결과이고, 내 움직임은 당신이 움직인 결과이다." 상대의 힘과 조건을 이용해 기술을 부리되, 자신이 어떤 기술을 부렸는지조차 모른 채로 스스로의 힘에 넘어가게 하는 것입니다. 보이지 않는 장치와 동일합니다.

"병법은 속이는 기술"(兵者, 詭道也_『손자병법』「계」)이라고 합니다. 속인다는 것이 기만적인 권모술수라고만 볼 수는 없습니다. 오히려 이런 말에 주목해야 합니다.

적의 형세에 따라 적절하게 다른 조치를 취해 사람들 앞에서 승리하지만 사람들은 어찌된 일인지 알지 못한다. 사람들은 아군이 승리하는 형세이기 때문에 이겼다고 알 뿐이지 승리하게 만드는 형세의 전략이 어떠한지는 알지 못한다.因形而措勝於衆, 衆不能知, 人皆知我所以勝之形, 而莫知吾所以制勝之形.(『손자병법』「허실」)

'따라'라고 번역된 글자 '因'(인)에 주목할 필요가 있습니다. 귀곡자가 강조하는 말입니다. 이 점은 나중에 다시 말씀드리겠습니다.

손자는 최고의 전술을 "싸우지 않고 적을 굴복시키는 것"(不戰而屈人之兵, 善之善者也_『손자병법』「모공」謀攻)으로 봅니다. 어떻게 싸우지 않고 굴복시킬까요?

'병형상수'兵形象水라는 말을 들어보셨습니까. '용병술은 물과 같아야 한다'는 뜻입니다. 손자는 이어서 이렇게 말합니다.

물이 땅의 형태에 따라 자연스런 흐름을 만들 듯이 용병술은 적의 상황에 따라 적합한 병술로 승리를 만든다. 그러므로 용병은 고정된 세가 없고 물은 고정된 형상을 가지지 않는다. 적의 변화에 적절하게 대응해 능숙하게 승리를 만들어내는 사람을 신神이라 한다.水因地而制流, 兵因敵而制勝. 故兵無常勢, 水無常形, 能因敵變化而取勝者, 謂之神.(『손자병법』「허실」)

싸우지 않는다는 것은 진짜 싸우지 않는 것이 아니라 싸우지 않는 것처럼 보이는 것입니다. 이것은 상대의 세勢를 이용하기 때문에 가능합니다. 마치 물이 땅의 형태에 따라 변화하듯이 적의 상황과 조건과 형세에 따라 전략을 달리하기 때문에 상대로 하여금 왜 졌는지조차 모르게 만들면서 승리를 유도하는 방법입니다.

병가에서 말하는 '속이는 전략'은 '적의 변화에 따라 적합한 병술로 승리를 만든다'라고 해석된 '因敵制勝'(인적제승)에서 이해할 수 있습니다. 귀곡자의 유세술도 마찬가지입니다. 이런 점에서 귀곡자가 말하는 '인因'의 의미를 적극적으로 해석해 음모의 의미를 생각해보겠습니다. 귀곡자에게서 음모란 어떤 장치를 통해 어떤 효과를 상대가 모르는 상태에서 발현되도록 만드는 메커니즘입니다.

먼저 귀곡자가 말하는 음모가 어떤 정치적인 맥락을 가지고 있는지 말씀드리겠습니다.

음모의 정치적 맥락

음모는 일반적으로 나쁜 목적으로 몰래 흉악한 일을 꾸미는 것을 말합니다. 그러나 음모는 고대 중국이라는 특수한 정치적 상황에서 나온 정치적인 전략 가운데 하나로 이해할 수 있습니다. 이 점은 『장자』「어부」漁父에 잘 드러나 있습니다.

「어부」에서 공자가 제자들과 산책하다 어부를 만납니다. 혹시 왜 공자가 다른 사람이 아니라 하필 어부를 만났는지 생각해보신 적이 있습니까? 저는 이유가 있다고 생각합니다. 어부는 강가에서 물고기를 낚지만 지식인과 신하는 현실 정치에서 군주의 마음을 낚습니다. 귀곡자는 낚시의 기술을 말합니다. 어부는 낚시의 최고 고수입니다.

아무튼 어부는 공자가 어떤 사람인지 제자들에게 묻습니다. 제자 자공은 충신忠信과 인의仁義를 실행하고 예악禮樂을 닦아 인륜 人倫을 정하며 위로는 임금에게 충성하고 아래로는 백성을 교화해 천하를 이롭게 하는 사람이라고 대답합니다.

이에 대한 어부의 질문이 독특합니다. 어부는 공자가 땅을 가진 군주냐, 아니면 왕을 보좌하는 신하인지를 묻습니다. 물론 그 어느 것도 아니지요. 그러자 어부는 공자가 인仁한 사람이긴 하지만 화를 면치 못할 것이라고 충고합니다. 좋은 뜻을 가진 사람이지만 결과적으로 재앙을 면치 못한다는 말입니다. 왜일까요?

공자가 이를 듣고 쫓아가 가르침을 청합니다. 어부는 사람들이 흔히 범하는 여덟 가지 잘못을 말합니다. 이 어부가 말하는 잘못을 유심히 볼 필요가 있습니다. 어부가 말하는 여덟 가지는 다음과 같습니다.

자신의 일도 아닌데 간여하려는 '참견', 이해하는 사람이 아무도 없는데 구태여 말하려 하는 '잘난 체', 상대의 속셈을 고려하면서 말하는 '아첨', 옳고 그름을 분간하지 않고 말하는 '아부', 다른 사람의 단점만을 말하기 좋아하는 '험담', 친구 사이를 배제하고 친한 사람을 갈라놓는 '이간질', 교활한 속셈과 거짓으로 칭찬하면서 이를 통해 다른 사람을 비난하고 망치는 '사악함', 선악을 가리지 않고 양측 모두 좋다고 하면서 속으로는 자신의 이득을 취하는 '음험함'입니다. 모두 말하는 방식에 대한 것입니다.

여기서 첫번째 '참견'과 '잘난 체'가 공자에게 해당합니다. 이 두 가지가 공자를 군주냐 신하냐라고 물었던 어부의 질문과 관련되기 때문입니다. 어부는 공자에게 군주도 신하도 아니면서 직분에 어긋난 일로 잘난 체하며 참견하지 말라고 충고하는 것입니다. 그런 방식으로 말재주를 부리고 다니면 화를 당한다는 것이지요. 그러나 정치에 개입하지 말라는 것이 아니라 군주인 양 신하인 양 참견하면서 잘난 체하는 방식으로 개입하지 말라는 점입니다. 어부는 분명 정치에 개입하는 방식을 말하고 있으니까요.

어부의 충고에도 불구하고 공자는 좋은 의도를 가지고 정치에 개입을 했는데 왜 사람들이 나에게 원한을 가지느냐고 다시 묻습니다. 그때 어부가 말하는 것이 그림자가 두렵고 발자국이 싫어서 그것으로부터 떨어지려 달아난 사람입니다. 자신의 그림자와 발자국을 벗어날 수 있겠습니까? 쉬지 않고 달리다가 마침내 죽었다는 이야깁니다. 무슨 뜻일까요?

재미있고 상징적인 이야기지만 필자는 처음에 무슨 말인지 이해하지 못했습니다. 앞서 『장자』에서 공자가 진나라와 채나라 사이에 머물면서 곤경에 빠져 고생했던 일화를 말씀드린 적이 있습니다. 그때 대공임은 공자에게 지식을 드러내 사람을 놀라게 하고 스스로 깨끗하게 해 사람들의 더러움을 더 드러나게 한다고 비난했습니다.

이 일화에서 말하듯이 빛이 있으면 그림자가 생기게 마련이고 땅을 밟으면 발자국이 남게 마련입니다. 아무리 좋은 의도를 가지고 있더라도 진리의 빛을 독단적으로 비추면 그림자가 생기고 무분별하게 개입하면 상대에게 원한의 흔적을 남깁니다.

공자가 원한을 사지 않는 방법을 묻자 어부가 그림자와 발자국이 싫어 도망간 사람의 이야기로 답했던 뜻은 원한을 피하려 하면 할수록 더욱 피할 수 없음을 가리키는 것입니다. 그림자와 발자국이 싫다고 해서 도망가려 하면 결국 스스로 죽을 것이라는 말이지요.

그렇게 보면 어부가 말하는 도망가는 사람은 공자와 달리 타인에게 원한의 흔적을 남겨 상처 주지 않으려는 사람입니다. 세상에 개입하지 않고 은둔하려는 사람을 상징합니다. 그러나 완전한 은둔은 불가능합니다. 현실 정치에 관심이 없다고 말하는 것조차 하나의 정치적 입장이기 때문입니다.

공자처럼 강한 진리의 빛으로 세상에 개입하자니 원한의 흔적이 남고, 원한의 흔적을 없애려 세상에서 은둔하려니 완전한 무관심이 불가능합니다. 어쩌라는 것일까요?

다시 어부는 발자국을 없애려 도망가는 어리석음을 말하면서 그림자와 발자국의 흔적을 지울 수 있는 방법, 즉 원한을 줄이는 방법에 대해 이렇게 충고합니다.

> 그늘에 있으면 그림자가 없어지고 멈춰 있으면 발자국이 생기지 않는다는 점을 몰랐으니 이 얼마나 어리석은 짓이오!
> 不知處陰以休影, 處靜以息迹, 愚亦甚矣!(『장자』 「어부」)

당연한 말이 아닐까요? 그늘에 있으면 그림자가 생기지 않고 멈춰 있으면 발자국이 생기지 않습니다. 그러나 이것이 상징하는 현실적이고 정치적인 맥락은 무엇일까요?

주목해야 할 단어가 있습니다. '그늘에 있다'고 번역한 '處陰'(처음)과 '멈춰 있다'고 번역한 '處靜'(처정)에서 '陰'(음)과 '靜'(정)이라는 글자에 주목해야 합니다. '음'은 아무도 모르게 하라는 것이고 '정'은 현실을 파악해 냉정하게 대처하라는 뜻입니다. 귀곡자가 강조하는 바입니다.

필자가 지금까지 『장자』에 나온 내용을 말씀드린 이유는 상대에게 개입하되 그림자와 발자국이라는 흔적을 남기지 않는 방법으로서 '그늘에 있다'고 한 '음'의 정치적 맥락을 이끌어내기 위함이었습니다.

어부의 말을 이렇게 정리할 수 있지 않을까요? 이상적 이념과 독단적인 진리로 사람을 인도해 정치에 개입하는 계몽주의적 전략가로서 공자가 있습니다. 그런 사람은 괜한 참견과 잘난 체로 사람들의 원한을 사기 쉽습니다. 또 이념적 순수를 지키기 위해 더러운 현실 정치와 타협하기를 거부하거나 사람들의 원한을 사지 않기 위해서 현실 정치로부터 은둔하는 순결주의적 전략가도 있습니다. 이런 사람은 고집스러워 자멸하고 맙니다.

그림자 속에 있는 음모적 전략은 이런 태도와 다릅니다. 어부가 묘사하는 음모란 더러운 정치 현실을 피하지도 않고 이상적 이념을 정치 현실에 강제하지도 않으면서도, 직접적인 방식이 아니라 우회적인 방식으로 정치 현실에 개입해 영향력을 발휘하려는 전략이 아닐까요? 귀곡자는 이렇게 말합니다.

> 상대가 알지 못하는 방식으로 술수를 써서 공개적으로 공을 이룬다.
> 故陰道而陽取之也.(『귀곡자』「모」)

필자가 '상대가 알지 못하는'이라고 번역한 말의 원문도 '陰'(음)입니다. 이런 음모적 전략의 가장 기본적인 원리는 무엇일까요?

상대의 힘을 역이용할 수 있는 장치

음모적 전략의 근본적인 원리를 말씀드리겠습니다. 앞서 필자는 귀곡자가 말하는 음모를 '장치'라는 개념과 관련해 이해할 수 있다고 말씀드렸습니다. 그것은 '배치'이기도 합니다.

여러분은 조삼모사 朝三暮四라는 성어와 관련된 이야기를 들어 보셨을 것입니다. 『장자』에 나온 이야기입니다. 흔히들 눈앞에 보이는 차이에 현혹되어 전체를 보지 못하는 원숭이의 어리석음에 초점을 두고 이해하는 경우가 많습니다.

그러나 필자는 원숭이의 어리석음보다는 그 저공狙公이라는 조련사의 노련한 행위에 더 관심이 많습니다. 이 원숭이를 속이는 저공의 조작적 기술에 초점을 맞춘다면 다른 시각을 읽어낼 수 있습니다. 저공은 원숭이의 불평에 '아침에는 세 개 저녁에는 네 개'라는 말을 '아침에는 네 개 저녁에는 세 개'라는 말로 다르게 '배치' 했을 뿐입니다.

이런 언어 배치를 통해 사실 동일한 것인데도 자신에게 이롭게 되었다고 원숭이들을 착각하게 만들었지요. 분명 상대가 모르게 전략적인 개입을 해서 상대를 만족시켰고 분노를 느끼게 하지 않으면서도 어떤 효과를 일으켰습니다. 이것이 어떻게 가능할까요? 장자는 이렇게 말합니다.

이름도 실제도 바뀐 적이 없는데 현실에서 사용할 때에는 원숭이들의 즐거움과 분노를 좌지우지했다. 이것이 바로 상대의 현실 조건에 따라 행위 하는 것이 아니겠는가.
名實未虧而喜怒爲用, 亦因是也.(『장자』「제물론」齊物論)

필자가 '현실 조건에 따라 행위 한 것'이라고 번역한 말은 '因是'(인시)라는 글자입니다. 귀곡자의 음모를 이해하는 가장 중요한 말이 바로 '因'(인)입니다. 귀곡자는 이렇게 말합니다.

> 모든 전략에는 방식이 있다. 그러나 그 방식을 알려면 반드시 상대의 조건을 바탕으로 해서 정보를 얻어야 한다.
> 凡謀有道, 必得其所因, 以求其情.(『귀곡자』「모」)

'상대의 조건을 바탕으로'라고 번역한 부분의 원문도 바로 '因'(인)입니다. 상대의 현실적인 조건과 정보를 얻고 그것을 바탕으로 전략을 짜고 유세해야 한다는 말입니다. 이는 병법에서 말하는 것과 유사합니다. 상대의 조건을 바탕으로 하기 때문에 상대가 의식하지 않게 하면서도 효과를 얻는 전략입니다. 귀곡자는 이런 측면을 분명히 파악했습니다.

> 성인의 전략적 방식은 깊이 숙고해 아무도 모르게 은밀하게 진행하지만 어리석은 사람의 방식은 성급하게 겉으로 모든 것을 드러낸다. 지혜로운 사람은 쉽게 일을 처리하는데 지혜롭지 못한 사람은 어렵게 일을 처리한다.
> 聖人之道陰, 愚人之道陽. 智者事易, 而不智者事難.(『귀곡자』「모」)

이런 방식을 귀곡자는 "상대의 조건에 따라 상대를 제어하는 것이다"(因事而裁之)라고 표현합니다. 이와 관련해 『여씨춘추』呂氏春秋에 매우 적절한 설명이 있습니다.

유세를 잘하는 사람은 상대의 힘을 이용해 자신의 힘으로 삼고 그가 오는 것을 이용해 함께 오고 그가 가는 것을 이용해 함께 간다. 바람을 따라서 소리치니 목소리를 높일 필요가 없고 높은 곳에 올라가서 바라보니 눈을 수고롭게 만들 필요가 없다. 이것이 편리한 것을 따라 이용하는 방법이다.
善說者, 因人之力以自爲力, 因其來而與來, 因其往而與往, 順風而呼, 聲不加疾也, 際高而望, 目不加明也, 所因便也.(『여씨춘추』「순설」順說)

'편리한 것을 따라 이용하는 방법이다'라고 번역한 글자 역시 '因'(인)입니다. 마찬가지로 상대방의 힘과 조건을 어떤 장치를 통해 효과를 얻는다는 뜻입니다. 이렇게 상대의 힘을 이용하는 기술을 귀곡자는 구체적으로 분류해 설명합니다.

먼저 상대를 설득하려면 상대의 자질과 그가 처한 상황을 충분히 고려하면서 유세의 방식을 바꿔야 합니다. 상대가 어떤 사람이냐에 따라 말하는 전략이 달라져야 한다는 것이지요. 유세의 내용이 중요한 것이 아니라 어떤 상황에서 어떤 상대에게 어떻게 말하는지가 고려되어야 합니다. 아무리 훌륭한 논리와 내용이라도 상대가 어떤 사람이고 어떤 상황에 처해 있는가를 고려하지 않으면 설득이 어렵습니다.

예를 들면 인한 사람은 재물을 경시하는 성품을 가지고 있습니다. 그래서 재물의 이득과 손해를 따져서 그를 설득할 수는 없습니다. 오히려 그의 인한 성격을 이용해 재물을 쓰도록 유도하는 편이 더 쉽습니다.

용기 있는 사람은 어렵고 힘든 일을 별것 아니라고 생각합니다. 따라서 어렵고 힘든 일로 위협해 어떤 일을 하게 만들 수는 없습니다. 오히려 그의 용기를 이용하면 위험한 일을 스스로 하게 만들 수 있습니다.

지혜로운 사람은 이치에 밝기 때문에 속일 수 없습니다. 그러나 합리적인 이치를 설명하고 그가 공을 세우도록 유도할 수 있습니다.

이렇게 귀곡자는 상대가 가진 성격이나 성향, 기호, 특성을 고려해 그것을 자극하고 위협하고 칭찬하는 설득의 방식을 다양하게 운용해야 한다고 말합니다.

상대가 처한 상황도 충분하게 고려해야 합니다. 상대가 의심을 가지고 있다면 먼저 그 의심을 해소해주면서 그가 전제하고 있는 믿음을 변화시킵니다. 상대가 자신만의 의견과 시각을 고집한다면 그것을 먼저 존중하고 인정해주면서 다른 측면을 드러내 변화를 유도합니다. 상대가 싫어하는 점과 근심이 무엇인가를 살펴서 그것을 제거한 후에 설득합니다.

이러한 예들은 모두 강제로 설득하는 것이 아니라 먼저 상대의 조건을 이용해 스스로 설득되도록 만드는 언어적 장치, 즉 수사적 장치를 다양하게 운용하는 전략입니다. 그리고 현실 조건이 나쁘다고 부정하는 것이 아니라 좋건 싫건 현실을 그 자체로 받아들이고, 그 속에 잠재된 최고의 효과를 이루는 전략입니다. 귀곡자는 이를 "상대의 세를 이용해 완성한다"(因勢以成之)라는 말로 표현합니다.

이 '因'(인)은 단지 귀곡자만 말하는 것이 아닙니다. 『한비자』에도 유사한 말이 많이 나오니까요. 「외저설 우하」外儲說右下 편에서는 "사물의 이치를 따르면 힘들이지 않고도 이룬다"(因事之理, 則不勞而成)라고 합니다. 『관자』管子 「심술 상」心術上에도 "인은 자기를 버리고 사물을 기준으로 삼는 것이다"(因也者, 舍己而以物爲法者也)라고 나옵니다.

모두 주관적인 이념으로 현실 조건을 부정하거나 회피하는 것이 아니라 그 현실이 어떠한지 주도면밀한 숙고를 통해서 현실 자체의 조건을 역이용하는 방식으로 '因'(인)을 설명합니다. 더욱더 중요한 점은 이런 전략의 운용을 상대가 눈치 채지 못하도록, 아무도 모르게 하는 것입니다.

음모의 전략적 효과

귀곡자의 전략은 엘리트 의식에 빠진 계몽주의적 태도는 아닙니다. 진리를 확신하는 독단주의도 아닙니다. 귀곡자는 이렇게 말합니다.

사람이 원하지 않는 것을 그 사람에게 강제하지 말고 그 사람이 알지 못하는 것을 그 사람에게 강제로 가르치려 하지 말라.
無以人之所不欲而强之於人, 無以人之所不知而敎之於人.(『귀곡자』「모」)

누차 말씀드리지만 설득은 자기주장을 상대에 강요하는 일도 아니고 상대의 비밀을 까발려서 상대에게 수치심을 주는 것도 아닙니다. 감동적으로 받아들이도록 유도하는 일입니다.

지모智謀는 대부분의 사람이 알 수 없는 곳에서 운용해야 하고 대부분의 사람이 볼 수 없는 것에서 작동될 수 있다.
智用於衆人之所不能知, 而能用於衆人之所不能見.(『귀곡자』「모」)

설득의 전략인 음모는 상대가 알지 못하는 곳에서 기능해 영향을 미치고 개입해야 합니다. 그렇다면 이런 전략의 효과는 무엇일까요?

상대에게 책략을 쓰면서도 겉으로 드러난 흔적이 없기 때문에 자신의 내밀한 곳을 아무도 볼 수가 없으니, 이것은 천신의 경지라 일컬을 수 있다.
策而無形容, 莫見其門, 是謂天神.(『귀곡자』「반응」)

의도를 들키지 않는다는 것은 상대를 가르치려 들거나 강제하지 않는 듯이 보이는 것입니다. 그러나 타인의 변화를 일으키는 영향력을 갖습니다. 그러나 사람들은 그 영향력을 의식하지 못합니다.

일을 주도할 때마다 매번 공을 이루지만 사람들은 왜 그러한지 전혀 모르며, 전쟁을 지도할 때마다 매일 승리하지만 사람들이 두려워하지 않는다고 말하는 것이다.
日主事日成而人不知, 主兵日勝而人不畏也.(『귀곡자』「마」)

공을 이루었는데도 사람들은 공을 이룬 사람이 누군지 모르며 전쟁을 승리하게 만들었는데도 사람들은 그를 두려워하지 않습니다. 왜 그럴까요?

공을 이루면 그 공이 자신의 덕분이라고 과신하고 자랑하기 쉽고, 사람들이 그 공을 이룬 사람을 인정해주고 상을 주면서 칭송하게 마련입니다. 동시에 그가 이룬 공적을 부러워하기도 하고 질

투하기도 합니다. 공을 놓고 서로 다툴 수도 있습니다.

그러나 아무도 모르는 '장치'를 이용해 공을 이루고 전쟁을 이기고도 그 장치를 사용한 사람이 나라는 사실을 결코 드러내지 않습니다. 이 일은 내 공이고 내 덕택에 완성되었다고 공치사하지 않습니다. 공로를 독점하려 하지도 않습니다.

귀곡자가 말하는 음모의 전략적 방식을 통하면, 공을 이루었는데 누가 어떻게 그 공을 이루었는지 아무도 모르는 채 모두가 공의 효과를 누리게 됩니다. 자신이 이룬 공을 자랑하지도 않고 집착하지도 않기 때문입니다. 그래서 싸움도 없고 공에 대한 칭송도 없고 덕을 입었다는 부담도 느끼지 않습니다. 결국에는 이런 효과까지 얻습니다.

> 백성이 복종해야 할 이유를 모르고 두려워해야 할 이유를 알지 못하니, 천하 사람이 '신명'하다고 칭송하는 것이다.
> 民不知所以服, 不知所以畏, 而天下比之神明.(『귀곡자』「마」)

복종해야 하는 까닭을 모른다는 것은 복종하지 않는다는 것이 아니라 복종하면서도 강제적으로 복종한다는 의식을 가지지 않는다는 의미입니다. 그것은 자발적인 복종을 유도하는 것입니다. 또한 스스로 행위 한다고 의식하도록 만드는 것입니다. 노자는 이렇게 말합니다.

> 내가 의도적으로 개입하지 않는데도 백성은 스스로 교화되고, 내가 움직이지 않고 가만히 있는데도 백성은 스스로 바르게 된다. 내가 일을 벌이지 않았는데도 백성은 저절로 잘살게 되고, 내가 바라

지 않았는데도 백성은 저절로 소박해진다.

我無爲而民自化, 我好靜而民自正, 我無事而民自富, 我無欲而民自樸.(『도덕경』 57장)

이런 방식이 귀곡자가 말하는 음모의 전략입니다. 이것은 보이지 않는 장치를 이용해 가능합니다. 그리고 결코 그 장치를 자신의 공으로 드러내지 않습니다. 그렇다면 음흉한 것이 아니라 오히려 상당히 도덕적인 방식이 아닐까요? 귀곡자가 말하는 유세의 전략도 이와 같습니다. 그렇다면 귀곡자는 유세를 어떻게 설명하고 있을까요?

제6강

설득의 기술

말하는 사람은 죄가 없고 듣는 사람은 깨닫는다

누이야
풍자가 아니면 자살이다

우리나라 시인 김수영金洙暎의 시 한 구절입니다. 시인 김지하 金芝河는 「풍자냐 자살이냐」라는 글에서 이 시를 인용하며 "풍자도 자살도 마찬가지로 현실의 일정한 상황과 예민한 시인 의식 사이의 대결 과정에서 발생하는 것"이라고 했습니다. 이 점은 부정할 수 없을 것입니다.

그러나 김지하는 풍자를 "강렬한 증오의 표현"이라고 규정하고 "대상에 대한 우월감과 비웃음은 그것을 비판하는 민중의 자기 긍정을 토대로 해서만 가능한 것"이라고 말합니다. 그리고 풍자만이 시인의 살길이라고 선언합니다.

풍자의 사회적 기능과 시인의 예리한 비판 의식은 중요합니다. 하지만 풍자가 단지 우월감과 비웃음에서 비롯된 강렬한 증오의 표현일 뿐일까요? 풍자라는 말의 기원은 어디에 있을까요?

지난 강의에서 미자, 기자, 비간에 대해 말씀드렸습니다. 공자는 떠나지도 않았고 굴종하며 노예가 되지도 않았고 간언하다 죽지도 않았습니다. 공자는 군주들에게 유세하면서 천하를 떠돌아다녔습니다. 어떻게 유세했을까요? 공자는 풍간諷諫을 좋아했다고 합니다. 이 풍간의 내용은 『공자가어』孔子家語에 나옵니다. 여기서 공자는 충신의 간언을 다섯 가지로 부류합니다.

궤변으로서의 휼간譎諫, 꾸밈없이 간하는 당간戇諫, 예를 갖추어 자신을 낮추는 항간降諫, 거리낌 없이 직설적으로 간언하는 직간直諫, 마지막이 풍간입니다.

여기서 풍간은 군주의 마음을 헤아리고 완곡한 표현으로 빗대어 간언하는 것입니다. 공자는 물론 풍간을 따른다고 말합니다. "죄를 멀리하고 화를 피할 수 있기"(遠罪避害) 때문에 그렇다고 설명합니다. 무슨 말일까요?

군주에게 간언하지 않으면 군주가 위태로워지고 그렇다고 무모하게 직설적으로 간언하다가는 자신이 위태로울 수 있습니다. 군주를 제대로 보필하지 못하니 죄가 될 수도 있고 섣부르게 말했다가 자신에게 화가 될 수도 있습니다. 어떻게 해야 할까요? 『설원』「정간」正諫에서는 이렇게 답합니다.

> 지혜로운 자는 군주의 마음을 헤아리고 상황을 저울질 해 그 완급을 조절하고, 합당하게 처신해 위로는 군주를 위태롭게 하지 않고 아래로 자신도 위태롭게 하지 않는다.
> 智者, 度君權時, 調其緩急, 而處其宜, 上不敢危君, 下不以危身.

이것이 풍간입니다. 공자는 풍간을 따른다고 했습니다. 가장 최선의 효과를 낼 수 있는 간언이기 때문이겠지요. 이런 풍간은 직설적이지 않은 우회적인 방법입니다. 또한 권력적이지 않은 언어입니다. '권력적 언어'란 당연하다는 듯이 독단으로 제시되는 언어입니다. 이건 이렇고 저건 저러하니 이러해야만 한다는 식으로 단언하는 화법을 말합니다. 이런 언어 방식은 폭력적일 수 있습니다.

풍간은 그렇지 않습니다. 이 풍간의 기원은 『시경』에서 나왔다고 생각합니다. 시란 은유적이며 암시적입니다. 『시경』의 「모시서」毛詩序에는 이런 말이 나옵니다.

> 윗사람은 풍風으로 아랫사람을 교화하고, 아랫사람은 풍으로 윗사람을 풍자하는데 직설을 피하고 비유의 방식으로 우회적으로 간언하면, 말하는 사람은 죄가 없고 듣는 사람은 깨달아 경계하기에 충분하다. 그래서 풍이라고 했다.
> 上以風化下, 下以風刺上, 主文而譎諫, 言之者無罪, 聞之者足以戒. 故曰風.

이것이 풍자의 기원이 아닐까요? 『시경』에서 설명하는 풍자는 단지 '강렬한 증오의 표현'만은 아닙니다. 불의에 대한 증오나 분노를 일으키지 말라는 것도 아닙니다. 증오와 분노를 표현하되 직설적인 방식이 아니라 우회적인 방식으로 표현하라는 것입니다.

이것이 듣는 사람에게 죄를 짓지 않는 방식으로 말한다는 의미입니다. 듣는 사람이 기분 나쁘지 않으면서도 잘못된 점을 스스로 깨닫게 만드는 방식입니다. 듣는 사람이 스스로 깨달았다고 생각하게 만드는 것이 중요합니다. 말하는 사람은 단지 힌트를 줄 뿐입니다.

힌트는 상대의 은밀한 영역을 건드리지 않고 개입하되, 상대가 스스로 선택하고 결단했다고 생각하게 만드는 방법입니다. 상대가 힌트를 통해서 스스로 생각하고 결정했다는 자신감을 갖게 만드는 것이지요. 이것이 시적인 암시와 풍자의 기능입니다. 왜 이런 방식이 필요할까요? 필자는 이것이 고대 중국의 특수한 정치 상황에서 나왔다고 생각합니다.

역린逆鱗

정신 분석학은 무의식을 대상으로 합니다. 무의식을 건드리고 의식화해서 여러 가지 병증을 치료하려 하지요. 무의식은 의식화되지 않은 영역입니다. 중요한 점은 이것이 어떤 강력한 욕망이기 때문에 숨기고 싶고 회피하고 싶지만 어쩔 수 없이 계속해서 영향을 미친다는 사실입니다.

그래서인지 정신 분석자가 피분석자에게 무의식을 드러내도록 유도하면 피분석자는 그것을 드러내고 싶지 않아 저항합니다. 저항이 극단화될 때는 정신 분석자를 살해하기도 합니다. 어떤 점에서 우리는 타인에게 결코 드러내고 싶지 않거나 들키고 싶지 않은 자기만의 치부의 영역이 있는지 모릅니다.

먼저 정신 분석학에서 말하는 무의식을 말씀드린 이유는 무의식이 귀곡자가 말하는 유세의 기술과 관련되기 때문입니다. 유세는 신하가 군주를 설득하는 기술입니다. 오해하지 말아야 할 것은 유세가 자신의 전략을 상대에게 강제하는 것이 아니라 상대의 심리 상태와 주변 상황에 따라서 그가 받아들일 수 있도록 설득하는 것이라는 점입니다.

그래서 먼저 제아무리 충직한 신하일지라도 군주에게 직언을 했다가는 목숨을 부지하기가 어려웠던 당시의 시대 상황을 이해할 필요가 있습니다. 고대 중국의 전국 시대란 무소불위한 절대 권력의 군주들이 힘을 겨루었던 전쟁의 시대였습니다. 마음에 들지 않으면 그냥 죽여도 아무 문제가 되지 않았습니다.

이런 시대에서 한비자는 신하들이 유세에 많은 어려움을 느낀다는 것을 알았습니다. 『한비자』의 「세난」 편에는 그 유명한 군주의 '역린'이라는 말이 나옵니다.

한비자가 보기에 유세의 어려움은 지식이나 말솜씨의 문제에 있지 않습니다. 설득하려는 군주의 심리 상태를 잘 파악해서 그 군주가 기분 나빠하지 않고 저항하지 않으면서 받아들이게 만드는 일이 힘든 것입니다.

한비자에 따르면 용의 턱밑에는 역린이 있는데 그것을 거스르면 용은 반드시 그 사람을 죽입니다. 역린은 '거꾸로 난 비늘'을 말합니다. 이 역린을 잘못 쓰다듬으면 용이 엄청난 고통을 느끼겠지요. 군주에게도 이런 '역린'이 있다는 것입니다.

한비자는 이것을 조심스럽게 생각했습니다. 그래서 이 군주의 역린을 거스르지 않고 유세할 수 있다면 어려움 없이 군주를 설득시킬 수 있으리라 봤습니다. 여기서 말하는 역린을 현대 정신 분석학적으로 표현하면 숨기고 싶고 피하고 싶은 무의식이 아닐까요?

절대로 드러내 보이고 싶지 않은 약점이나 상처 혹은 치부 같은 것입니다. 아무리 선의를 가지고 정의감에 가득 차 그를 위해 직언한다고 해도 잘못 건드리면 오히려 그에게는 회복할 수 없는 모욕이 됩니다. 그러니 먼저 이 역린을 잘 알아야 하겠지요. 그런 후에 설득해야 합니다. 귀곡자는 이런 맥락에서 옛사람의 말을 인용합니다.

'입은 음식을 먹을 수 있지만 마음대로 말할 수는 없다'고 했는데 말에는 꺼리고 피해야 할 것들이 있기 때문이다.
口可以食, 不可以言, 言者, 有諱忌也.(『귀곡자』「권」)

말을 함부로 하지 말라는 의미입니다. 치부와 금기는 사람들이 꺼리고 피하는 것인데 이것을 함부로 드러내어 말해서는 안 된다는 점을 지적하는 것입니다. 『예기』「곡례 하」에는 이런 말이 있습니다.

신하 된 자의 예는 군주의 추악함을 드러내면서 간언하지 않는다. 그러나 세 번 간했는데도 듣지 않는다면 직위를 버리고 떠난다.
爲人臣之禮, 不顯諫, 三諫而不聽, 則逃之.

여기서 '추악함을 드러내면서 간언하지 않는다'라고 번역한 말의 원문은 '不顯諫'(불현간)입니다. 군주의 과실을 공개적으로 드러내놓고 간언하지 않는다는 의미입니다. 당나라 때의 유학자인 공영달孔穎達은 '군주의 추악함을 분명하게 말해 군주의 아름다움을 빼앗지 않는다'고 주석을 달았습니다.

잘났건 못났건 군주는 군주로서의 지위에 맞게 대우해야 한다는 뜻이기도 합니다. 군주라는 명예를 흠집 내고 역린을 건드려 인간적인 모멸감을 주면서 간언하지 말고 예의를 갖추면서 옳고 그름을 설득해야 한다는 것입니다. 무조건 군주의 비위를 맞추며 아부하라는 것이 아닙니다. 오해해서는 안 되겠지요. 설득과 아부는 다릅니다.

때문에 상대의 심리적 상태가 어떠한지 현실적 조건이 어떤지 정보를 알지 못하고 먼저 모든 것을 날것 그대로 드러내면서 자신의 옳음을 말하는 것은 정직의 미덕이 아니라 일을 망치는 조급함의 악덕이 될 수도 있습니다.

진리에 대한 지나친 확신이 있을 때 앞도 뒤도 좌우도 돌아보지 않고 직설적으로 내뱉게 되는 것이 인간의 심리 아닐까요? 그러나 자신이 옳다는 확신을 가지고 상대의 부정을 공격하면 상대는 자신의 부정을 인정하기보다 저항하고 회피하기 쉽습니다. 오히려 자신을 부정한 사람으로 규정하려 하는 상대를 죽이려 하겠지요. 증거를 없애고 피하려 할 겁니다.

그만큼 유세는 어려운 일입니다. 한비자가 보기에 유세를 위해서는 먼저 군주의 심리 상태를 아는 것이 그만큼 중요했습니다. 귀곡자가 강조하는 바가 이 점입니다. 귀곡자는 그것을 직접적으로 건드리지 말고 우회적으로 돌려서 말하는 기술을 강조합니다.

『논어』를 읽다보면 공자의 이런 모습이 엿보입니다. 유비(孺悲)라는 사람이 공자를 만나려 했습니다. 유비라는 사람을 공자는 매우 싫어했던 듯합니다. 공자는 병을 핑계로 만나주지 않았지요. 그 명을 전달하는 사람이 문밖으로 나가자마자 공자는 거문고를 꺼내 노래해 유비가 일부러 듣게 합니다.

왜 병을 핑계로 만나 주지 않고 일부러 노래를 듣게 했을까요? 만나고 싶지 않다는 공자의 의도를 전달하기 위해서일 것입니다. 그러면 왜 유비에게 직접 만나고 싶지 않다는 뜻을 전하지 않았을까요? 왜 병을 핑계로 만날 수 없다고 해놓고 얼핏 보면 야비하게 거문고를 꺼내 노래함으로써 나는 아파서 너를 만나지 못하는 것이 아니라는 암시를 주려 했을까요?

정말 만나고 싶지 않은 사람일지라도 예의의 격식을 차려야 하기 때문입니다. 그러나 동시에 예의를 차린답시고 만나고 싶지 않다는 의도가 전달되지 않는다면 유비에게 어떤 깨우침을 주지도 못하고 공자에게도 감정적인 앙금이 남을 수 있습니다.

그래서 만나고 싶지 않다는 감정을 직접적으로 표현하기보다는 만나고 싶지 않다는 감정을 숨기고 있다는 사실 자체를 상대가 의식하도록 만드는 것입니다. 이런 표현 방식은 모순적이지만 상대에게 미치는 영향력은 더 클 수 있습니다. 그럴 때 상대는 상처를 받지 않으면서 스스로 깨달음을 얻을 수 있습니다. 다소 극적이지요.

물론 『논어』에서는 유비가 그것을 깨달았는지 어떤지 혹은 무엇을 깨달았는지는 기록이 없기 때문에 전혀 알 수 없습니다. 이런 모순적인 의사소통 방식은 우리의 일상에서 흔히 일어납니다. 특히 사랑하는 사람에게 감정을 전달하는 과정에서 이런 극적인 장면이 연출됩니다.

인간의 심리는 참 묘합니다. 직접적으로 표현되지 않는 감춰진 영역에서 통찰한 진실을 읽어냄으로써 오히려 상대를 전적으로 신뢰하게 됩니다. 이것은 상대의 조건을 이용하고 상대가 모르게 한다는 음모의 방식과 동일합니다. 폭력적이고 권력적인 방식이 아니라 시적인 방식이라 할 수 있습니다.

태괘兌卦와 유세

귀곡자가 말하는 유세의 특성은 상당히 시적인 방식입니다.

그렇다면 귀곡자는 유세를 어떻게 설명하고 있을까요? 고대 그리스의 수사학이 설득을 목적으로 하듯이 유세도 설득을 목적으로 합니다. 귀곡자는 유세를 한마디로 규정합니다.

유세란 상대를 기쁘게 하는 것이다.
說者, 說之也.(『귀곡자』「권」)

기쁘게 한다고 해서 아첨하는 기술로 오해해서는 안 됩니다. 원문에 나온 한자에 주목해주십시오. 동일하게 '說' 자를 쓰고 있지만 의미는 다릅니다. '說'이라는 글자에는 유세遊說, 설명說明, 설득說得이라는 뜻이 모두 들어 있습니다. 또 기쁘다는 뜻일 경우는 열說로 읽어서 열悅과 통합니다.

그래서 이 말은 이렇게도 표현할 수도 있습니다.

"유세는 설명과 함께 설득을 목표로 하고 그것은 궁극적으로 상대를 희열喜悅에 빠지게 하는 것이다."

여기서 세說, 설說, 열悅 세 한자에 공통으로 들어간 글자가 보이시지요? '兌'(태)입니다. 이는 결코 우연이라고 할 수 없습니다.

『주역』에는 태괘兌卦가 있는데 이 태괘는 기쁨을 상징합니다. 태괘는 연못을 상징하며, 물이 만물을 윤택하게 해서 기쁘게 한다는 의미를 가지고 있습니다. 「설괘전」說卦傳에는 이 태괘가 입(口)을 상징한다고 되어 있습니다. 즉 말을 상징하지요. 물이 만물을 윤택하게 하듯이 말로 사람을 기쁘게 한다는 말입니다.

귀곡자는 상대를 기쁘게 하는 것을 유세라고 했지만 그것은 상대를 감동시켜 뭔가를 깨닫게 만드는 일입니다. 상대를 기쁘게 하려고만 하다가는 상대의 기분에 맞추려고 아첨하게 되고 스스로를 기만하게 됩니다. 그래서 자신의 진정한 뜻을 망각하기도 쉽습니다.

이 태괘를 「단전」彖傳에서는 "속으로는 강직하게 올바른 자신의 뜻을 지키면서도 겉으로는 부드럽게 상대를 기쁘게 한다"(剛中而柔外)고 말합니다. 이에 대한 왕필王弼의 주석이 재미있습니다.

> 상대를 기쁘게만 하고 자신의 강직한 뜻을 지키지 못했다면 아첨이고, 자신의 강직한 뜻을 지켰지만 상대를 기쁘게 하지 못했다면 폭력이다.
> 說而違剛則諂, 剛而違說則暴.

속이는 아첨과 강직한 폭력 사이의 균형 감각을 맞추는 일은 대단히 어려울 것입니다. 자신의 뜻을 강직하게 지켜야 하지만 동시에 너무 강직해 상대의 조건과 현실 상황을 무시하고 강제하면 폭력이 됩니다. 아첨과 폭력이 아닌 시적인 '감동'을 통해 자신의 뜻을 전달하고 상대가 기뻐해야 설득할 수 있다는 말입니다.

그렇다면 어떻게 해야 할까요? 폭력과 아첨이 아닌 다른 방식은 무엇일까요? 상대를 감동시켜 설득하기 위해 선행되어야 할 방식을 귀곡자는 이렇게 말합니다.

> 설득은 반드시 상대의 조건을 바탕으로 해야 한다.
> 說之者, 資之也.(『귀곡자』「권」)

'상대의 조건을 바탕으로 해야 한다'는 것은 상대가 어떤 사람인지 어떤 상황 속에서 어떤 감정과 입장을 가지는지에 대한 정보를 바탕으로 해서 설득해야 한다는 말입니다. 앞서 말씀드린 음모의 특성으로서 상대의 조건을 이용하는 '因'(인)과 관련됩니다.

이것을 전제하지 않는다면 설령 진리를 설득하려 해도 폭력적인 강제가 될 수 있습니다. 그래서 귀곡자는 상대의 처지를 무시하고 깨우치려 하고 가르치려 하는 권위적 태도를 질타합니다.

> 지식을 가진 사람과 말할 때에는 그들을 깨우치려 하고, 지식을 가지지 못한 사람과 말할 때에는 그들을 가르치려 든다. 그러나 이렇게 해서는 설득하기가 힘들다.
> 是故與智者言, 將此以明之, 與不智者言, 將此以敎之, 而甚難爲也.(『귀곡자』「권」)

권위주의적이고 독단적인 태도로는 상대를 설득할 수 없습니다. 오히려 상대와 상황에 따라서 유세의 방식을 달리해야 합니다.

> 말하는 방식에는 여러 가지 종류가 있고 상황은 다양하게 변화한다. 그래서 하루 종일 말하더라도 실제 정황에 바탕을 두고 적절한 방식을 잃지 않는다면 일이 혼란해지지 않고, 말하는 방식이 종일토록 사물에 따라 변화하지만 근본적인 뜻은 잃지 않는다.
> 故言多類, 事多變. 故終日言. 不失其類而事不亂. 終日變而不失其主.(『귀곡자』「권」)

이렇게 상대에 따라 말하는 방식을 바꾸는 것이 기회주의적 태도만은 아닙니다. 키케로Marcus Tullius Cicero도 『수사학』Partitiones oratoriae에서 유사한 주장을 합니다. 그는 변화무쌍한 웅변술을 강조합니다.

주어진 상황과 주제를 파악하고 이에 따라 연설을 효율적으로 조절할 수 있는 능력을 강조한다. 섬세한 주제는 정밀하게, 무거운 주제는 장중하고 숭고하게, 일상의 주제는 가볍고 부드럽게, 상황과 대상에 따라 표현 가능한 조절자가 이상적인 웅변가이다.

키케로도 이렇게 다양한 방식을 말합니다. 귀곡자는 설득의 논리나 내용보다도 설득하려는 상대가 어떤 의도와 생각과 감정을 가졌는가를 간파하는 것이 더욱 중요하다고 봅니다. 현실과 상대의 정보 파악을 강조하는 이유가 여기에 있습니다.

유세의 방식

이런 변화무쌍함은 병법의 전술과도 같습니다. 앞서 『손자병법』을 말씀드릴 때 적의 형세와 조건에 따라 다양하게 전략과 전술을 변화시켜서 승리한다는 내용이 있었습니다. 마찬가지로 귀곡자는 「권」에서 상대의 조건에 따라 말하는 방식을 구체적으로 나열합니다. 먼저 상대가 어떤 사람인가가 고려해야 합니다.

"지혜를 가진 사람과 이야기할 때는 자신의 박학다식을 드러내야 한다."

지혜를 가진 사람은 무식한 사람을 깔보기 쉽습니다. 상대가 깔보는데 무슨 말로 설득할 수 있을까요? 박학다식을 드러내야 한다는 말은 지혜를 가진 사람이 쉽게 가질 수 있는 깔보는 태도를 먼저 없애야 한다는 말입니다.

"어리석은 사람과 말할 때는 상대가 분별하기 쉽게 해야 한다."

분명히 머리가 신속하게 돌아가지 않는 사람이 있습니다. 그런 사람에게 어려운 말로 장황하게 설명한들 이해할 수 있겠습니까. 오히려 속으로 '그래 너 잘났다' 하면서 무시하지요. 분별하기 쉽게 말해서 설득을 해야 합니다.

"구별을 잘하는 사람과 말할 때는 간단히 핵심을 말해야 한다."

어떤 사람은 추상적인 얘기나 에둘러 말하는 것보다도 간단명료하게 도식적으로 깔끔하게 말하는 것을 좋아합니다. 그런 사람에게는 간단하게 핵심을 말하면 쉽게 받아들입니다.

"신분이 높은 사람과 말할 때는 기죽지 말고 기세등등해야 한다."

이런 사람에게는 먼저 기죽고 겸손할 필요가 없습니다. 자신감과 확신을 보여야 합니다. 대표적으로 맹자가 이런 태도로 제후들에게 유세했습니다. 오히려 당당하게 도덕적 위엄을 보일 때 설득할 수 있습니다.

"돈 많은 사람과 말할 때는 자신의 고상함을 드러내야 한다."

졸부란 문화적 고상함이 결여된 사람들이지요. 그들이 부족한 부분을 드러내 먼저 그들의 기세를 꺾을 필요가 있습니다. 그래야 귀를 기울입니다.

"가난한 사람과 대화할 때는 이득에 근거해 설명해야 한다."

돈이 없는 사람은 경제적인 이해관계에 민감할 수밖에 없습니다. 그들이 민감하게 생각하는 문제를 합리적으로 설명하면 동감하기가 쉬울 것입니다.

"신분이 낮은 사람과 말할 때는 깔보는 태도가 아니라 겸손한 태도여야 한다."

정치가로서 겸손한 태도는 매우 중요합니다. 특히나 지위가 낮은 사람을 대할 때 권위적인 태도로 군림하면 무시당할 수밖에 없습니다.

"용맹한 자와 말할 때에는 과감한 결단을 드러내야 한다."

용기 있는 사람은 우유부단한 태도나 나약한 행동보다도 사나이다운 태도를 더 선호합니다. 과감한 태도를 보이는 것이 상대의 마음을 움직일 수 있습니다.

"과실이 있는 사람과는 예리한 태도를 유지해야 한다."

평소 잘못을 많이 저지르는 사람은 무슨 일이든 대충대충 넘어가기 쉽습니다. 그의 말을 예리하게 경청하면서 그의 잘못을 정확하게 지적해야 일을 망치지 않습니다.

왜 이런 태도가 필요할까요? 인간은 단지 이성만으로 작동하는 기계가 아닙니다. 인간은 완벽하게 텅빈 상태에서 이성적으로 사고하지 않습니다. 인간은 오히려 복잡하고 미묘한 감정과 상황 속에서 움직입니다. 절대적 진리일지라도 공기의 저항과 땅의 형세를 고려해 전달되어야 합니다.

동시에 상대가 어떤 상황에 처해 있느냐에 따라서 수사적 '장치'가 달라야 효과적으로 설득할 수 있습니다.

첫째, 상대가 의심을 가지고 있으면 먼저 의심을 해소시켜주어야 합니다. 의심을 가지고 있으면 어떤 말을 해도 의심하게 됩니다. 치밀하게 논리를 갖추어 말해도 그렇게 치밀하게 말하는 이유가 무엇인지 의심합니다. 결코 설득할 수 없습니다. 혹은 야비한 방법이지만 상대의 의심을 역이용해 설득할 수도 있습니다.

둘째, 상대의 의견을 먼저 인정해주어야 합니다. 우리는 흔히

'네 말은 틀렸어'라고 말합니다. 그러나 '틀렸다'라는 말은 되도록 사용하지 않는 것이 좋습니다. 네 말이 틀렸다고 말하면 내 말이 옳다고 강변하는 마음을 드러내는 것입니다. 오히려 '좀 다른 입장도 있다'고 설득해야 합니다. 너의 입장도 일리가 있지만 다른 입장을 생각해보라는 태도를 취해야 합니다. 우선 상대의 의견을 존중해주어야 합니다.

셋째, 상대가 말하려 하는 핵심과 요점을 파악해야 합니다. 상대의 의도를 정확하게 파악하지 못하고는 설득할 수 없습니다. 우리는 너무 자신의 감정에 복받쳐서 상대의 마음을 헤아리지 못한 채 욕부터 합니다. 알고 보면 상대방과 입장이 같은데도 감정싸움을 하는 겁니다. 그러지 않으려면 먼저 침착하고 냉정한 마음으로 상대의 말을 잘 들어야 합니다. 진심으로 상대의 말을 경청하는 것이 설득의 기본입니다. 대화할 때 경청의 중요성은 수백 번 강조해도 지나치지 않습니다.

넷째, 상대의 조건에 따라 합의점을 이끌어내는 방식이 좋습니다. 우린 상대와 대화할 때 먼저 상대의 조건과 상황을 이해하려 하지 않습니다. 상대의 입장이 어떤 조건과 상황 속에서 나오게 되었는가를 파악해야 합니다. 그러나 우리는 자기주장과 상황만을 살필 뿐입니다.

다섯째, 상대가 싫어하는 것이 있다면 그것을 면밀하게 살펴서 대처해야 합니다. 우리는 상대가 싫어하는 것이 뭔지도 모른 채 자기주장만 고집하는 경우가 많습니다. 상대의 좋아하는 것과 싫어하는 것을 고려하면서 말하면 더 부드럽게 대화할 수 있습니다.

여섯째, 상대가 어떤 걱정거리와 고민을 가지고 있다면 그것을 먼저 해결해주어야 합니다. 문제 해결은 어쩌면 다른 곳에 있는

지도 모릅니다. 근심이 있으면 그 근심 때문에 주저하게 됩니다.

이런 방식을 사용한 후에 상대의 약점을 건드리면서 토닥토닥 어루만져주거나 압박하면서 위협할 수도 있습니다. 혹은 반대로 장점을 칭찬하면서 상대의 명예를 세워주고 존중하면서 마음을 사로잡을 수도 있습니다. 또 확실한 증거를 제시해 상대를 안심시켜야 합니다.

그런데도 설득되지 않는다면 마지막 수단으로서 정보를 차단하고 상대를 교란시켜 미혹하거나 기만하는 극단적인 방법도 있습니다. 이 모두가 상대의 조건에 근거해서 설득하는 방식입니다.

귀곡자가 말하는 설득의 유세술은 내가 가진 어떤 주장을 강제하는 것이 아닙니다. 사람에게는 각각 스스로 결단을 내리지 못하게 만드는 의심과 욕망이 있습니다. 설득의 유세술은 상대의 의심을 제거하고 욕망을 충족한다고 믿게 해 스스로 결단하게 만드는 과정입니다. 믿고 싶어 하는 것을 믿게 만드는 기술입니다. 또한 상대의 힘을 역이용해서 이길 수 있는 방법입니다. 언어의 마술이며 힘일 수 있는 것입니다.

또 귀곡자는 사람을 감동시키지 못하는 표현 방식을 지적하고 있다는 점에도 주목해야 합니다. 뜻밖에도 사람을 감동시키지 못하는 수사적 표현은 비논리적인 내용이나 주제에서 벗어난 헛소리가 아닙니다. 흔히 일상생활에서 말하는 귀에 거슬리는 말이지요.

귀곡자가 말하는 다섯 가지 거슬리는 말은 고통(病), 두려움(恐), 근심(憂), 분노(怒), 기쁨(喜)이 그대로 드러나는 말입니다. 아무리 객관적인 정보를 제시하고 논리적으로 설명하더라도 뭔가 거슬리는 것이 있을 경우 그 정보와 논리를 받아들이지 않으려는 것이 인간의 심리입니다.

듣는 사람이 거슬리는 말투란 다른 것이 아니라 말하는 사람이 근본적으로 가진 어떤 감정 상태입니다. 언어의 표현 내용이나 논리나 형식과 무관하게 언어가 발출하고 있는 기氣의 떨림을 느끼는 것입니다. 그 기의 떨림은 어떤 느낌으로서 마음의 상태를 전달합니다. 사람은 언어의 논리적 측면보다는 이런 분위기를 먼저 감지합니다. 동물적인 감각입니다. 동물적인 감각이 먼저 이런 느낌을 감지해 반응하는 것입니다.

흔히 이런 말을 합니다. 그 사람은 말하는 것은 조목조목 옳지만 싸가지가 없다고 말입니다. 상대는 옳은 말의 논리를 듣지 않고 그 이면에 감추어진 기의 떨림으로서 근본적인 감정 상태를 먼저 읽어냈고 그 때문에 옳은 말인데도 저항했던 것입니다. 인간의 심리는 묘한 것입니다. 이런 감정이 담긴 말은 그 말의 내용과 논리에 앞서 듣는 사람을 먼저 자극합니다. 불안하게 하고 의심하게 하고 기분 나쁘게 하고 짜증나게 합니다.

이런 감정이 밑바닥에 깔려 있는 말은 그 내용이 아무리 좋고 논리적이라도 수용되기 어렵습니다. 김지하는 '풍자는 강렬한 증오의 표현이며 대상에 대한 우월감과 비웃음은 그것을 비판하는 민중의 자기긍정을 토대로 해서만 가능한 것'이라고 말했지만 귀곡자가 보기에 강렬한 증오와 우월감과 비웃음이 드러난 풍자는 상대가 받아들이기 힘들 뿐 아니라 상대를 깨우칠 수 없습니다.

이런 다섯 가지 감정을 그대로 드러낸다는 것은 평상심을 잃은 상태라고 귀곡자는 보는 것입니다. 평상심을 잃으면 어떤 수사 기술을 부려도 효과가 나지 않습니다. 오히려 이 다섯 가지 감정이 날것으로 드러나지 않고 평온한 마음을 바탕으로 할 때 상대를 설득할 수 있습니다. 감정을 직접적이고 표면적으로 그대로 드러내지 말고 암시적인 수사 기교로서 '장치'를 이용하라고 귀곡자는 강조합니다.

어느 개그맨이 상대가 기분 나빠하는 개그는 개그가 아니라고 하면서 이렇게 말하더군요. "여운이 남는 웃음이 진짜 웃음이지요. 남을 비하하고 상처 주면서 웃게 하는 웃음은 쓴웃음밖에 되지 않습니다."

지금까지 말씀드린 내용과 같은 맥락이라고 생각합니다. 상대를 효과적으로 설득하기 위한 유세의 구체적인 장치는 간단히 패합술과 췌마술로 정리할 수 있습니다. 다음 강의에서는 이 내용을 설명하겠습니다.

제7강

유세의 노하우, 패합술

프레임 전쟁

　필자는 개인적으로 크리스토퍼 놀란Christopher Nolan이라는 감독의 영화 《메멘토》Memento를 아주 인상 깊게 보았습니다. 천재적인 발상이 있는 감독이라고 생각합니다. 그가 감독한 《프레스티지》The Prestige라는 영화가 있는데 마술에 관한 영화지요. 마술은 아주 흥미롭습니다.

　근대 초기에는 마술과 과학이 밀접하게 관련되어 있었습니다. 과학자에게 우주는 일종의 마술이었지요. 과학적으로 관찰하고 생각하면 그 해답을 알 수 있는 미스터리일 뿐이었습니다. 마술은 과학과 관련되어 있기는 하지만 기본적으로 눈속임입니다.

　마술은 겉으로 드러난 행위와 감추어진 행위로 구분됩니다. 그러나 사람들은 감추어진 행위는 의식하지 못하고 눈에 보이는 것을 너무도 당연하게 믿어버립니다. 어쩌면 사람들은 사실을 믿는 것이 아니라 믿고 싶은 것을 믿는다고 말할 수 있을지도 모르겠습니다.

　마술사는 감추어진 곳에서 이루어지는 자신의 손기술을 철저히 은폐하지만, 동시에 공개적인 차원에서는 어떤 변화를 완성해

보여줍니다. 은폐되어 보이지는 않지만 어떤 일이 분명히 벌어지고 있다는 사실 자체를 공개하는 것입니다. 마술은 믿음을 강요하지 않습니다. 다만 관객이 믿게 만들 뿐이지요. 이 공개와 은폐의 동시성을 어떻게 이해할 수 있을까요?

이것은 이중 전략이라고 할 수 있습니다. 귀곡자에게도 이런 측면이 있습니다.

상대가 모르는 방식으로 술수를 써서 공개적으로 공을 이룬다.
陰道而陽取之也.(『귀곡자』「모」)

아무도 모르는 곳의 '장치'가 공개적인 장소에서 '효과'를 발휘합니다. 이런 방식은 꼭 마술에만 국한된 것이 아닙니다. 언어의 영역은 어떨까요? 마법은 어쩌면 간단합니다. 주문만 외면 이루어지니까요.

언어 혹은 철자를 뜻하는 영어 단어 'spell'(스펠)에는 주문呪文, 마력, 매력의 뜻이 있습니다. 언어와 마술은 고대에 밀접하게 관련이 있었던 것은 아닐까 싶습니다. 언어는 주술과 유사합니다. 그렇기 때문에 언어에는 보이는 영역과 보이지 않는 영역의 이중 전략이 있습니다.

'열림과 닫힘'으로 번역되는 귀곡자의 패합술도 같은 맥락에서 생각할 수 있습니다. 전 이것을 근래 자주 사용되는 '프레임' frame이라는 것과 함께 생각해보려 합니다. 프레임은 미국 캘리포니아 대학교의 언어학과 교수인 조지 레이코프George Lakoff가 주장한 개념입니다. 쉽게 얘기하면 어떤 틀과 같은 것이라고 말할 수 있습니다. 정신적인 틀 혹은 언어적인 틀입니다.

레이코프는 보수 진영에서는 이 프레임의 중요성을 깨닫고 프레임을 구성하는 방법을 터득했으나 진보 진영에서는 그렇지 못하다고 지적합니다. 또한 진보 진영에서 너무 많은 사람이 각자 자기가 옳다고 고집하는 태도는 현명하지 못할 뿐 아니라 정치적 실패를 자초할 수 있다는 그의 주장은 설득력이 있습니다.

프레임은 세상을 바라보는 방식을 형성하는 정신적 구조물입니다. 이 정신적 구조물이 언어의 사용과 밀접하게 관련되어 있다는 점이 중요합니다. 우리의 언어 습관이 곧 우리의 정신적 구조물에 상응하고, 우리는 그 정신적 구조물에 의해 세상을 봅니다. 그리고 행위의 목적, 계획, 방식, 결과를 결정하게 됩니다.

이것이 정치에서는 정책과 제도를 형성할 뿐 아니라 일상에서는 인지적 무의식cognitive unconscious을 형성합니다. 중요한 사실은 사람들이 무의식적으로, 자동적으로 이것을 사용한다는 점입니다.

그러나 이 프레임은 고정되어 있는 것이 아니라 적극적인 개입과 훈련으로 창조될 수 있습니다. 그래서 레이코프는 '프레임 구성'을 강조합니다. 프레임 구성은 다만 정치나 의사소통에 대한 문제가 아닙니다. 더 근본적인 문제입니다. 프레임은 인간이 현실을 이해하게 해주며 때로는 우리가 현실이라고 여기는 것을 창조하도록 해주는 심적 구조입니다.

언어라는 프레임을 어떻게 구성하느냐에 따라서 현실이 새롭게 창조됩니다. 이런 내용은 상당히 철학적인 맥락을 가지고 있습니다. 레이코프는 우리가 살아가는 삶의 세계가 은유적 체계로 구성되어 있다고 주장합니다. 이런 측면을 이용하는 것은 정치와 밀접하게 관련됩니다.

프레임을 재구성한다는 것은 세상을 보는 방식을 바꾸는 것입니다. 하지만 프레임은 언어로 작동되기 때문에 새로운 프레임을 위해서는 새로운 언어가 요구됩니다. 예를 들어 시간을 '투자한다'라든가 시간을 '낭비한다' 등의 표현은 시간을 돈으로 은유한 프레임이라는 것이지요. 시간을 돈으로 사유하는 것입니다.

그러나 시간을 꽃으로 사유할 수 있는 언어 프레임은 어떨까요? '시간이 꽃을 피웠다'라든가 '시간이 시들었다'와 같은. 시간을 돈으로 사유하는 삶의 방식과 꽃으로 사유하는 삶의 방식은 분명 차이가 날 것입니다. 프레임을 어떻게 구성하느냐에 따라 삶의 방식이 달라집니다. 그런 점에서 이런 프레임의 구성 자체가 정치적입니다.

이른바 프레임 전쟁은 언어 전쟁이기도 합니다. 이런 전쟁에서 전략적 주도권을 잡고 쟁점을 통합하는 전략이 필요하다고 레이코프는 역설합니다. 물론 우파와는 달리 좌파는 전략적으로 사고하지 않는다는 점을 지적하면서요.

레이코프가 말하는 프레임 구성은 단순한 정보 조작의 대중 기만이 아닙니다. 프레임의 관점에서 볼 때 정치는 여론을 조작하는 프로파간다는 아니지만, 가치와 이념의 문제이고 현실의 이해와 의사소통을 위한 언어 조작과 사용의 문제입니다. 그래서 레이코프는 진보주의자가 자신의 신념을 프레임으로 전달하는 법을 배울 필요가 있다고 결론 내립니다. 레이코프가 말하는 프레임 전쟁은 언어 전쟁이며 언어를 통한 마술이 아닐까요? 이는 수사학과도 통하는 바가 있습니다.

부각과 은폐

귀곡자는 말을 하는 입을 내면이 드러나는 통로로 봅니다. 마음속의 떨림과 울림과 감정의 상태 등 모든 것이 드러난다고 보는 겁니다. 그래서 관리가 필요합니다.

입은 마음이 드나드는 문이며 마음은 영혼이 깃드는 곳이다. 의지와 의도, 기쁨과 욕망, 생각과 사려, 지혜와 전략이 모두 이 문으로 출입한다. 그래서 열고 닫는 것으로 관리해야 하니 출입을 제어해야 한다.
口者, 心之門戶也, 心者, 神之主也. 志意·喜欲·思慮·智謀, 此皆由門戶出入. 故關之捭闔, 制之以出入.(『귀곡자』「패합」)

'열고 닫는 것으로 관리하고 출입을 제어하는 것'은 어떤 의미일까요? 전 이것이 공개적으로 행하는 것과 은폐되어 행하는 것이 이중으로 이루어지는 마술과 같은 효과를 낸다고 생각합니다. 말을 통해서 마음속의 의도와 내용 중 어떤 것은 부각시키고 어떤 것은 은폐시켜서 상대가 뭔가를 깨닫도록 합니다. 그런 점에서 부각과 은폐는 유세의 기본 방식이기도 합니다. 귀곡자는 유세를 이렇게 설명합니다.

말을 꾸미는 것은 선택해 꾸미는 능력이다. 선택해 꾸민다는 것은 어떤 것은 덧붙여 드러내고 어떤 것은 빼서 감추는 것이다.
飾言者, 假之也, 假之者, 益損也.(『귀곡자』「권」)

말을 꾸미는 것을 귀곡자는 부각과 은폐의 요철凹凸을 만드는 것으로 설명합니다. 어떤 것은 덧붙이고 어떤 것은 뺀다는 것은 마음을 어떤 측면은 부각시키고 어떤 측면은 은폐시킨다는 말입니다.

'루빈의 술잔'을 보신 적이 있을 겁니다. 이 그림을 보면 검은 바탕에 술잔이 있는 것으로 보이기도 하고 흰 바탕에 두 사람의 얼굴 옆모습이 있는 것으로 보이기도 합니다. 사람은 어떤 형체를 형체 자체만으로 인식하는 것이 아니라 주변 바탕과의 관계를 통해서 인식합니다. 형체를 보지만 사실 바탕이 은폐되어 형체가 부각되는 것입니다. 바탕이 없으면 형체도 없지요. 부각과 은폐는 동시에 일어납니다.

이러한 기교는 미술에만 국한되지 않습니다. 언어도 마찬가지입니다. 아까 말씀드린 레이코프는 원래 인지 언어학자로, 촘스키Avram Noam Chomsky의 제자였습니다. 그는 우리가 살고 있는 세계와 사고는 은유가 중심적인 역할을 수행하고 있다고 봅니다. 그의 책 『삶으로서의 은유』Metaphors We Live By는 이런 시각을 드러냅니다.

거기서 그는 "어떤 개념이 은유에 의해 구조화된다는 것은 그것이 부분적으로 구조화된다는 것을 의미한다"고 말합니다. 어렵게 들리지만 쉽게 풀면 우리가 사용하는 언어는 은유적 구조를 가지는데 그 은유는 객관 사물을 부분적으로 부각시키고 그렇기 때문에 부분적으로는 은폐시킨다는 말입니다.

그래서 "은유적 개념은 우리에게 어떤 개념의 한 측면에 초점을 맞추도록 함으로써, 그 은유와 일치하지 않는 개념의 다른 측면들에 초점을 맞추는 것을 방해"합니다. 이런 측면은 정치 영역에서 중요합니다.

언어란 어쩔 수 없이 한 측면을 부각하면서 동시에 한 측면을 은폐시킬 수밖에 없습니다. 이런 부각과 은폐를 의식적으로 사용할 때 그것은 전략이 됩니다. 이중 전략이라 할 수 있지요. 드러냄과 감춤을 묘하게 결합해, 보는 사람이 이중의 의미를 보게 만드는 전략입니다. '모호함의 미학'입니다. 그러나 왜 이렇게 이중의 시선을 만들려 했을까요? 전 이 문제와 관련해 귀곡자의 전략을 말씀드리려 합니다.

『귀곡자』의 첫번째 장이 '패합'인 이유는 이 패합술이 유세와 전략에서 가장 중요한 내용을 담고 있기 때문입니다. 패합술은 '열림과 닫힘' 혹은 '드러냄과 감춤'이라는 뜻으로 마음을 제어하는 기술입니다. 언어에 의해 마음의 어떤 부분은 부각되고 어떤 부분은 은폐됩니다. 귀곡자는 이렇게 말합니다.

> 어떤 때는 마음을 열어 자신의 입장을 분명하게 보여주고 어떤 때는 마음을 닫아서 자신의 속내를 드러내지 않는다. 열어서 보여주는 것은 상대의 진정에 동의한다는 것이고, 닫아서 드러내지 않는 것은 상대의 진실과 달리한다는 것이다. 함께 일해도 좋은지 아닌지를 알기 위해서는 반드시 상대의 계획과 전략을 명백하게 살펴서 자신과의 다른 점과 같은 점을 탐색한다.
> 或開而示之, 或闔而閉之. 開而示之者, 同其情也, 闔而閉之者, 異其誠也. 可與不可, 審明其計謀, 以原其同異.(『귀곡자』「패합」)

패합의 기술은 자신의 마음을 드러내고 감추는 방법입니다. 그것을 통해 상대를 다루는 것이지요. 동시에 상대의 본심을 엿보는 기술이기도 합니다. 상대의 정보와 의도를 염탐하지요.

열고 닫는 것으로 관리해야 하는 이유는 내면의 모든 것을 솔직하게 날것으로 드러내는 것이 자신에게 위험할 뿐 아니라 상대에게도 해를 입힐 수 있기 때문입니다. 그래서 '드러냄과 감춤'이라는 패합술은 마음을 암시하는 수사학적이고 정치적인 기술일 수 있는 것입니다.

솔직함이 전부는 아니다

패합술은 감추는 기술일 뿐 아니라 의도적으로 드러내는 기술이기도 합니다. 귀곡자의 다음과 같은 표현은 주목할 만합니다.

> 연다는 것은 정보를 개방하는 것이고, 말하는 것이고, 공개적으로 드러내는 것이다. 닫는다는 것은 정보를 은폐하는 것이며, 침묵하는 것이며, 아무도 모르게 감추는 것이다. 열고 닫는 것에는 절도가 있어서 조화를 이루어야 하고 선후에 합당한 조리가 있어야 한다.
> 捭之者, 開也, 言也, 陽也. 闔之者, 閉也, 默也, 陰也. 陰陽其和, 終始其義.(『귀곡자』「패합」)

왜 이런 기술이 필요할까요? 기만의 위장 전략일까요? 아닙니다. 이 기술은 앞서 말씀드린 『시경』에서 풍자를 규정할 때 상대에게 죄를 짓지 않으면서도 상대가 깨달음을 얻도록 만든다는 점과 관련됩니다.

귀곡자는 모든 전략과 유세의 가장 필수적인 요소는 상대에 관한 정보 파악이라고 봅니다. 상대가 어떤 사람인지도 모르고 엉뚱하게 말할 수는 없습니다. 그런 경우에는 자신이 진정을 가지고 조언하고 간언했더라도 그에게는 모욕이 될 수도 있으니까요. 그런 의미에서 먼저 상대의 진짜 의도와 심리적 상태와 정보를 캐는 것이 패합술입니다. 귀곡자는 이렇게 말합니다.

> 마음을 연다는 것은 상대의 진정을 판단하려는 것이고, 닫는다는 것은 상대의 진실한 의지를 단속해 장악하려는 것이다.
> 捭之者, 料其情也, 闔之者, 結其誠也.(『귀곡자』「패합」)

앞에서 말씀 드렸듯이 위진 남북조 시대의 도홍경이 『귀곡자』에 주석을 달았습니다. 도홍경은 남조南朝 시대의 인물로 모산茅山에 은거했던 인물입니다. 유교, 불교, 도교에 능통했고 특히 도교와 관련된 저작을 남겼습니다.

이 말에 대해 도홍경은 이렇게 설명합니다. 정보에는 진짜와 가짜가 있기 때문에 판단해 선택해야 하고 진실은 끝까지 지속되지 않을 수도 있기 때문에 묶어 단속해야 한다는 것입니다. 무슨 말일까요?

상대의 정보에는 진짜와 가짜가 있을 수 있다는 말은 쉽게 이해됩니다. 상대의 말 속에도 부각과 은폐는 동시에 작동합니다. 그것을 의식하건 의식하지 못하건 언어는 그런 작용을 합니다. 그리고 거기에서 어떤 정보가 드러나기 마련입니다. 그 정보에는 마음의 진정을 드러내는 것이 있을 수도 있고 감추는 것이 있을 수도 있습니다. 그래서 가짜 정보이건 진짜 정보이건 그 속에 담긴 '상대의 진정을 판단'하는 것이 중요합니다.

그런데 '상대의 진실한 의지를 단속해 장악한다'는 말은 무슨 뜻일까요? 예를 들어보겠습니다. 한 여자가 있습니다. 여자는 마음을 열고 남자의 진심이 어떤 것인지 확인하고자 유혹하고 떠보고 협박하고 여러 가지 기교를 부립니다. 그러다가 어느 순간 마음을 닫고 '당신이 싫어요'라고 말합니다.

그러나 그것이 진짜 싫어서 그런 것일까요? 어쩌면 그것은 남자가 가진 사랑의 강도強度를 시험하는 것인지도 모릅니다. 혹은 시험을 통과하게 함으로써 강도를 단련시키려는 것인지도 모릅니다. 정말로 나를 사랑하면 얼마나 사랑하는지 한번 견뎌보라고 선언하는 것인지도 모릅니다. 마음을 닫아걸고 상대의 진심을 시험하는 것이지요.

'상대의 진실한 의지를 단속해 장악한다'는 말에 도홍경이 진실은 끝까지 지속되지 않을 수도 있다고 설명한 것도 이런 맥락입니다. 그 지속의 강도를 확인해보는 것입니다. 정보는 진짜와 가짜의 문제이지만 진실은 시간적 지속성의 문제이며 강도의 문제입니다.

이렇게 본다면 마음을 열고 닫는다는 것은 결국 상대와 신뢰관계를 맺기 위한 과정입니다. 이렇게 패합술은 진짜건 가짜건 정보 속에 담긴 진짜 의도와 변치 않고 지속될 수 있는 진실을 알아내고 만들어가는 방법입니다.

솔직함만이 능사는 아닐 것입니다. 상대가 어떤 사람인지에 대한 믿음이 없을 때, 상대가 나에 대한 어떤 정보나 믿음이 없을 때 상대에게 마음의 전부를 온전히 드러낸다는 것은 그에게도 실례이지만, 나 자신에게도 실례가 아닐까요? 나의 속마음을 전부 드러내 보이면 상대에게 부담을 줄 수도 있습니다.

상대가 어떤 부류의 사람인지를 판단하지 않고 그와 전략을 함께 도모하려는 사람은 저항에 부딪힐 것이고, 상대의 진실한 의도를 얻지 않고 유세하려는 사람은 비난을 당할 것이다. 상대의 진짜 의도와 정보를 얻었을 때 상대의 전략을 자유자재로 제어할 수 있다. 不見其類而爲之者, 見逆, 不得其情而說之者, 見非. 得其情, 乃制其術.(『귀곡자』「내건」)

상대의 의도와 정보를 얻었을 때 상대를 요리해 설득할 수 있는 전략을 주도면밀하게 세울 수 있습니다. 이런 전략을 세우지 않고 군주에게 유세할 때 그것이 아무리 논리적으로 진리일지라도 저항이 생길 수 있다는 것이지요. 저항을 최소화하기 위해서는 상대가 어떤 사람인지 알아야 하고 신뢰를 얻어야 합니다.

말을 할 때 어떤 측면이 부각되면 반드시 어떤 측면은 은폐됩니다. 그러니까 듣는 사람은 상대의 부각된 말뿐 아니라 은폐된 말까지도 이해해야 하고 또 그렇게 은폐시키는 이유까지 알아야 합니다. 사물을 보되 그 배경과 함께 이해해야 하는 것입니다. 은폐를 통해서 어떤 점을 부각시키려 하는가, 부각을 통해 어떤 점이 은폐되었는가를 물어야 합니다.

『순자』荀子「자도」子道에는 주목할 내용이 있습니다. 자로가 공자에게 질문을 합니다. "노나라 대부가 연복練服을 입고 평상에 눕는 것이 예입니까?" 공자는 "알지 못하겠다"라고 답합니다. 자로는 스승이 어찌 모르는 것이 있는가라고 불평을 합니다.

자공은 자로로부터 그 말을 듣고 자신이 한번 물어보겠다고 하고 이렇게 묻습니다. "연복을 입고 평상에 눕는 것이 예입니까?" 자로의 질문에서 '노나라 대부'라는 말을 싹 빼고 동일한 문장으로 물은 것이지요.

공자가 어떻게 대답했을까요? "예가 아니다"라고 대답했습니다. 그 이유는 무엇일까요? 자공은 자로에게 질문 방식이 잘못되었다고 하면서 "예란 그 나라에 살면서 그 나라의 대부를 비난하지 않는 것이다"(禮, 居是邑不非其大夫)라고 말합니다.

자로는 노나라 대부를 구체적으로 지목해 그가 예를 지키는 인물인가를 공자에게 물었습니다. 그런 질문 방식은 공자를 난처하게 했던 것이지요. 그것을 몰랐기 때문이 아니라 대답하기가 곤란했던 것입니다. 그리고 자공은 자로와는 다른 질문 방식으로 공자의 마음속의 진정을 파악했던 것입니다.

이렇게 말을 통해서 마음을 부각시키고 은폐시키는 패합술은 상대의 정보를 확실하게 장악해 상대를 다루는 기술입니다. 그 기술은 상대가 누구냐에 따라 달리 사용될 수 있습니다. 어진 사람과 불초한 사람, 지혜로운 사람과 어리석은 사람, 용맹한 사람과 나약한 사람 등 사람마다 다른 장단점에 따라 다르게 대응하는 것입니다.

> 그 차이에 따라서 대응할 때 어떤 이에게는 마음을 열어 보이는 것이 좋고 어떤 이에게는 마음을 닫는 것이 좋으며, 어떤 이는 받아들이는 것이 좋고 어떤 이는 물리치는 것이 좋으며, 어떤 이는 천시하는 것이 좋고 어떤 이는 귀하게 대우하는 것이 좋지만, 모두에게 의도를 들키지 않으면서 상대의 내심을 엿본다.
> 乃可捭, 乃可闔, 乃可進, 乃可退, 乃可賤, 乃可貴, 無爲以牧之.(『귀곡자』「패합」)

상대의 정보를 얻어야 하는 이유는 상대와 신뢰 관계를 맺기 위해서입니다. 고대 중국의 정치적 상황을 고려할 때 이런 측면은 군주에게 간언하는 맥락을 염두에 두고 생각해야 합니다. 예를 들면 이렇습니다. 자로가 군주를 섬기는 방법에 대해 묻자 공자는 이렇게 말합니다.

기만하지 말고 당당하게 간언하라.
勿欺也, 而犯之.(『논어』「헌문」)

이 공자의 말에는 군주 앞에서 솔직하게 모든 것을 말하라고 간단하게 번역될 수 없는 복잡함이 있습니다. 여기서 '당당하게 간언하라'라고 번역된 말이 '犯之'(범지)입니다. 흔히 '犯顔'(범안)이라고 합니다. 얼굴을 똑바로 보고 떳떳하게 간언하라는 말입니다. 『예기』「단궁 상」檀弓上에는 이런 말이 나옵니다.

부모를 섬기는 데 부모의 잘못을 숨기는 일은 있을 수 있어도 범안하는 일은 없고 …… 군주를 섬기는 데 범안하는 일은 있어도 군주의 잘못을 숨기는 일은 없다.
事親有隱而無犯, …… 事君有犯而無隱.

'범안'犯顔이라고 번역한 '犯'(범)이라는 말은 군주가 싫은 안색을 하는데도 올바른 말을 직간하는 것을 말합니다. 군주의 영역을 함부로 침범한 것이지요. 이 말은 잘못을 숨기지 않는 차원이 강조되어야 군주의 역린을 건드리면서 무례하게 간언하라는 말은 아닐 것입니다. 비산은 대놓고 간언했다가 그 자리에서 죽임을 당했습니다.

앞 강의에서 『예기』에 나온 '신하 된 자의 예는 군주의 추악함을 드러내면서 간언하지 않는다'(爲人臣之禮, 不顯諫)는 말을 소개했습니다. 추악함을 드러내지 않는 것(不顯諫)과 잘못을 숨기지 않고 간언(犯之)하는 문제를 어떻게 이해해야 할까요? 당당하게 범안하면서 숨기지 말고 간언해도 좋다고 말하면서 또 군주의 추악함을 드러내지 말라는 것은 모순이 아닐까요?

이것과 관련해 "기만하지 말고 당당하게 간언하라"라는 공자의 말을 어떻게 이해할 수 있을까요? 우리는 질문한 사람이 자로라는 점에 주목할 필요가 있습니다. 이 말이 의협심이 강하고 다혈질인 자로에게 주는 답변이라는 점에 주의하십시오. 자로 정도의 성격이라면 군주 앞에서 범안하면서 당당하게 간언하지 않을 리가 없겠지요. 단도직입적으로 군주의 잘못과 자신의 뜻을 용기 있게 간언할 것입니다.

그러므로 자로가 범안하면서 당당하게 간언하지 못할까 공자가 걱정한 것은 아닐 것입니다. 자로에게는 '기만하지 말고' 간언하는 것이 어렵기 때문에 먼저 기만하지 말라는 충고를 전제해두고 말했던 것입니다.

그럼 기만하지 말라는 말은 무슨 말인가요. 군주에게 거짓말을 하지 말고 대놓고 군주의 잘못과 허물을 드러내면서 직간하라는 말일까요? 『논어』에는 이런 말이 나옵니다.

> 군자는 군주와 신뢰를 쌓은 후에 간언한다. 신뢰를 쌓지 않고 간언하면 군주는 자기를 비방한다고만 여길 뿐이다.
> 信而後諫, 未信, 則以爲謗己也.(『논어』「자장」子張)

귀곡자가 한 말과 유사한 맥락입니다. 신뢰를 쌓지 않았을 때는 어떤 논리적인 말을 바르게 해도 군주는 그를 싸가지 없는 놈이라 여길 것입니다.

이 말과 함께 생각하면 공자가 자로에게 했던 말에는 군주의 '역린'을 건들면서까지 무모하고 무례하게 직간하는 것을 용기라고 생각하지 말라는 의도가 담겨 있습니다. 그러므로 '기만하지 말라'는 '스스로를 기만하지 말라'는 말로 이해해야 합니다. 무모하게 직간하는 것을 용기라고 스스로 기만하지 말라는 말입니다.

상호 신뢰가 쌓이지 않은 군주 앞에서 무모하게 충직한 척하지 말고, 그렇다고 신뢰를 얻으려 아부하지도 말되, 신뢰를 쌓는 과정을 거치면서 군주에게 정치에 관해 이해득실 관계와 군주의 잘못을 예를 갖추어 당당하게 말하라는 뜻입니다. 이는 동시에 신뢰가 쌓이지 않은 군주 혹은 신뢰를 쌓을 수 없는 군주에게는 무모하고 무례하게 간언하지 말고 우회적으로 간언하라는 말이기도 합니다.

귀곡자의 패합술은 이런 맥락에서 이해되어야 할 것입니다. 따라서 패합술은 상대의 마음을 탐색하면서 신뢰의 관계를 쌓는 정치적인 기술입니다. 부각되고 은폐되는 상대의 말을 통해서 상대의 마음을 정탐하고 자신의 의도를 언어에 부각시키고 은폐해 상대를 설득하는 기술입니다.

전략적 모호함

그래서 패합술에는 이중의 의미가 있습니다. 마음을 연다고 해서 모두 동의하는 것도 아니고 마음을 닫는다고 해서 전부 거부하는 것도 아닙니다.

> 마음을 연다는 것은 어떤 경우에는 마음을 열더라도 상대의 의견을 거부하기도 하고 어떤 경우에는 열어서 받아들인다는 것이다. 마음을 닫는다는 것은 어떤 경우는 닫아걸더라도 상대의 입장을 취하기도 하고 어떤 경우는 닫아걸고 거부한다는 것이다.
> 故捭者, 或捭而出之, 或捭而納之. 闔者, 或闔而取之, 或闔而去之.(『귀곡자』「패합」)

겉으로 드러난 행위와 속에서 이루어지는 것은 차이가 있습니다. 이런 점에서 패합술은 기만술이 될 수도 있지만 그보다는 이중 전략이라고 이해해야 할 것입니다. 그래서 저는 패합술을 부각과 은폐의 기술이라고 했던 것입니다. 패합술은 부각과 은폐가 동시에 이루어지는 이중 전략입니다.

> 열림과 닫힘의 기술, 즉 패합술은 음의 측면과 양의 측면 모두에서 시행해야 한다.
> 捭闔之道, 以陰陽試之.(『귀곡자』「패합」)

패합의 기술은 음과 양 두 방면에서 시행해야 합니다. 빛은 환하고 어둠은 깜깜합니다. 그러나 이 둘은 분리된 것이 아닙니다. 빛은 어둠을 배경으로 해서 드러나고 어둠은 빛을 통해서 숨겨지지요. 빛으로 인해 어둠이 느껴지는 것이고 어둠으로 인해 빛이 드러나는 것입니다. 이중 효과입니다. 마술과 같습니다.

한 사물은 은폐된 배경을 바탕으로 부각됩니다. 배경이 은폐되지 않는다면 한 사물은 부각될 수 없습니다. 어떤 것을 부각시킬 때 은폐된 영역에서 함축적이고 암시적인 작용도 동시에 이루어집니다. 그래서 귀곡자의 다음과 같은 말은 생각해볼 필요가 있습니다.

> 마음을 열려 하면 주도면밀함이 중요하고, 마음을 닫으려 하면 은밀함이 중요하다. 주도면밀함과 은밀함은 모두 상대가 눈치 채지 못하게 하는 모호함이 중요하다.
> 卽欲捭之貴周, 卽欲闔之貴密. 周密之貴微.(『귀곡자』「패합」)

상대의 본심과 정보를 염탐하려 할 때는 먼저 자신의 마음을 여는 척해야 합니다. 미끼지요. 상대의 마음을 패합술로 동요시키고 말을 많이 하게 해서 마음을 드러내도록 충동합니다. 정보를 줄줄 흘리도록 만드는 것입니다.

좀 비열한 기술입니다. 그래서 '주도면밀'해야 한다는 말입니다. 누군가가 자신을 염탐하려 하고 정보를 얻으려 한다고 의식하게 되면 기분 나쁘기 마련입니다. 상대가 의식하지 못하도록 만들어야 합니다. 질문이나 대화를 하면서도 어떤 의도나 목적도 없다는 듯한 담담한 태도로 상대를 엿보는 것이 중요합니다.

상대가 의식하지 못하도록 말을 걸고 질문을 하고 농담을 걸고 반박도 하고 위협도 하면서 엿봅니다. 그래서 상대방의 반응과 말을 통해 그의 재능과 감정 성향, 장점과 약점, 기호와 욕망, 깊은 의도와 뜻을 살펴서 그를 설득할 수 있는 전략을 판단해보는 것입니다.

귀곡자를 권모술수적이라고 평가하는 이유는 바로 이런 비열한 기술 때문입니다. 나중에 정보를 논하는 장에서 좀 더 상세한 기술적 방법을 소개해드리겠습니다. '주도면밀함'(周)은 두루두루 신경 쓰라는 말입니다. 부정적으로 말하면 교활하게 계산해두고 철두철미하게 행동하라는 말이고, 긍정적으로 말하면 정교하고 미묘하게 실행하라는 말입니다. 물론 교활하되, 상대에게 교활하다는 느낌을 주어서는 안 됩니다. 들켜서는 안 됩니다.

감추려면 확실하게 감추어야 합니다. 그것을 '은밀함'(密)이라고 했습니다. 미묘한 문제지만 알지 못하게 해야 합니다. 비밀이 있는 듯 암시하지만 그것이 무엇인지 상대가 절대로 알지 못하게 해야 합니다. 말하지 않아야 할 것이라면 결코 드러내지 말아야 합니다.

설득하는 쪽의 '주도면밀함'과 '은밀함'은 모두 상대가 눈치채지 못하게 해야 합니다. 이것을 귀곡자는 '모호함'(微)이라고 합니다. '미묘함'이라고 번역할 수도 있는데, 이것을 '모호함'이라고 번역하는 이유는 상대가 나의 진의가 이것인지 저것인지 헷갈리게 만든다는 의미를 담기 위해서입니다.

앞에서 『귀곡자』가 행인行人, 즉 외교관과 관련된 문헌이라고 말씀드렸습니다. 행인은 나라와 나라 사이의 이해관계를 조절하는 사신입니다. 이 사신이 처신하는 기본 방식이 모호함이라고 할 수 있습니다.

현대 외교학에서도 어떤 나라와 외교 관계를 맺고 어떤 정치 현안을 처리할 때, 그것을 완전하게 결정하기 전에 반드시 외교적인 '모호성'ambivalence을 취하라고 합니다. 왜 그럴까요? 이것을 단지 상대를 기만하려는 기회주의적 처세술이라고 할 수 있을까요?

아닙니다. 그래야 결정의 폭이 더 넓어지기 때문입니다. 상황은 가변적입니다. 어떤 돌발 사안이 튀어나올지 모릅니다. 그럴 때 모호한 태도를 보이지 않으면 가변적 상황에 유연하게 대처할 수 없기 때문입니다.

모호함은 자신의 속내를 상대에게 감추려는 비겁함이 아닙니다. 오히려 불변의 원칙이나 고정된 전략에 집착하지 않고, 시세의 흐름과 변화하는 현실 조건에 신속하고 적절하게 대처할 수 있는 유연성을 유지하는 데에 목적이 있습니다. 귀곡자의 주도면밀함, 은밀함, 모호함도 이런 맥락 속에서 이해할 수 있을 것입니다.

열 길 물속은 알아도 한 길 사람 속은 모른다고 합니다. 모호함은 자신의 정보를 함부로 드러내지 않으면서 상대의 정보를 확실하게 장악하려는 태도입니다. 정치의 영역이건 외교의 영역이건 정보는 핵심입니다.

귀곡자는 패합술을 주로 이 상대의 정보를 염탐하는 기술로 설명합니다. 정보를 캐내는 일이 그렇게 비겁하고 비열한 행동으로 폄하될 수는 없습니다. 현실의 상황과 상대의 정보에 근거해 문제 해결의 방향을 결정하는 것은 매우 현실적이며 구체적이고 신속합니다. 전 이러한 귀곡자의 태도를 '전략적 모호함'이라고 말하고 싶습니다.

고대 중국에서는 이렇게 프레임 전쟁을 하고 있었던 것입니다. 특히 종횡가는 이런 전쟁의 전문가였다고 말할 수 있습니다. 전 레이코프가 말하는 프레임의 방식을 공자가 말하는 풍간과 더불어 생각할 수 있을 뿐 아니라 귀곡자의 패합술도 이런 프레임 전쟁과 같은 성격을 가지고 있다고 봅니다.

제8강

유세의 노하우, 췌마술

문제는 정보다

오늘날 일상생활에서 '낚시질'이란 말은 자주 사용되지만 결코 긍정적으로 쓰이지는 않습니다. 상대방의 마음을 떠보는 행위를 의미하기 때문입니다. 지금도 우리는 인터넷에서 얄궂은 말에 '낚시질'을 당할 때면 허탈해하면서 짜증을 내기도 합니다. 그런데 이 '낚시질'이라는 말에는 족보가 있습니다.

중국 문화에서 낚시질은 상당히 중요한 상징인데, 낚시질 하면 떠오르는 인물이 있습니다. 강태공입니다. 강태공은 주나라 초기의 정치가로서 무왕을 도와 은나라를 멸망시켜 천하를 평정했던 태공太公 망望으로, 이름은 여상呂尙입니다.

여상은 귀곡자가 이윤과 더불어 최고의 성인으로 칭송하는 사람입니다. 그가 위수渭水에서 낚시질을 하고 있는데 인재를 찾던 주나라 문왕이 그를 보고 재상으로 등용했다는 전설이 있습니다.

강태공은 미끼를 쓰지 않고 곧은 바늘로 낚시를 했다고 합니다. 곧은 낚시 바늘에는 미끼를 꿸 수 없습니다. 과연 그는 무엇을 낚고 있었을까요? 미끼는 상대방을 속여서 낚으려는 기만의 수단입니다. 맹자는 미끼 던지는 낚시질을 증오했습니다.

선비가 말할 만한 때가 아닌데 말을 하면 이는 말로써 미끼를 던져 낚는 사기술이고 말할 만한 때인데 말하지 않으면 이는 말하지 않음으로써 미끼를 던져 낚는 사기술이다. 이는 담을 뚫고 넘는 좀도둑질이다.

士未可以言而言, 是以言餂之也, 可以言而不言, 是以不言餂之也, 是皆穿踰之類也.(『맹자』「진심 하」)

맹자의 이 말에는 사람의 마음을 낚시질하는 교활함에 대한 비난이 담겨 있습니다. 그러나 그렇다고 해서 맹자가 말하지 말라고 한 건 아닙니다. 아무 때나 말하지 말고 때가 되었을 때는 말을 해야 한다는 말입니다. 그리고 때와 장소에 맞게 분명하게 하되 말로 상대를 속이거나 사기 치지 말라는 뜻입니다.

강태공도 낚시질을 하지 않은 것은 아닙니다. 미끼를 쓰지 않았다는 것은 사기 치지 않는다는 의미가 강합니다. 여상은 곧은 바늘로 군주의 마음을 낚시질했던 것입니다. 귀곡자는 상징과 비유를 통해 상대방의 속내와 의도를 떠보는 것을 '사람을 낚는 것'으로 설명합니다.

고대에 이 어루만지는 기술을 잘한 사람은 낚시를 들고 깊은 연못 앞에서 미끼를 던져 고기를 낚는 것과 같아서 반드시 물고기를 낚는다.

古之善摩者, 如操鉤而臨深淵, 餌而投之, 必得魚焉.(『귀곡자』「마」)

귀곡자가 말하는 낚시질은 말을 통해 상대의 마음을 어르고 달래면서 상대의 의도와 정보를 파악한 후 상대의 마음을 다루는 기술을 상징합니다. 중요한 점은 이러한 기술을 상대가 전혀 눈치 채지 못하게 해야 한다는 점입니다.

귀곡자가 말하는 낚시질은 유세와 밀접하게 관련되어 있습니다. 유세는 이전에 말씀드렸듯이 상대를 기쁘게 감동적으로 설득하는 것입니다. 기만적인 아첨도 강제적인 폭력도 아닌 방식으로 상대를 감동적으로 설득하려 할 때 중요한 요소는 무엇일까요? 먼저 실제 상황과 상대의 정보를 냉정하게 파악하는 것이 중요합니다. 문제는 정보입니다. 그래서 귀곡자는 미끼를 던져서라도 정보를 파악하라고 권합니다.

귀곡자는 그 정보에 해당하는 것을 '정'情과 '의'意라고 불렀습니다. 이 개념은 매우 복합적인 의미를 가지고 있지만 필자는 일단 '정보'와 '의도'라고 옮기겠습니다. 귀곡자가 말하는 '췌마술'은 유세할 때 가장 필요한 상대방의 정보와 의도를 파악하고 상대의 마음을 다루는 기술입니다.

사실 정보라는 말은 꽤 음험하게 느껴집니다. 정보는 마치 정보기관의 스파이가 다루는 것 같습니다. 정보기관에서 행하는 활동을 두 가지로 분류하더군요. '첩보'諜報, intelligence 활동과 '방첩'防諜, counterintelligence 활동이 그것입니다. 정보를 수집하고 분석하는 것이 첩보이고, 적국이 침투해 혼란을 주는 행위로부터 자국의 정보 활동을 보호하려는 노력이 방첩입니다. 그러나 정보는 스파이만 수집하고 차단하는 것이 아닙니다.

사실 모든 생명체는 이 정보 활동을 합니다. 외부로부터 들어온 정보는 정보 전달 회로인 신경을 통해 뇌로 전달됩니다. 다시 뇌에서 명령한 정보는 신경을 통해 근육에 도달해 반응 행동을 만듭니다. 또 그 행동의 결과가 뇌에 정보로서 전해지면서 다시 수정되는 피드백 과정을 거칩니다. 이런 자극과 반응 사이의 피드백 과정에서 정보는 매우 중요한 작용을 합니다. 정보가 잘못 전달되거나 조작될 때는 큰 문제가 발생할 수밖에 없습니다.

그러나 정보情報라는 한자에 주의를 기울이면 재미있는 점을 발견할 수 있습니다. 정보란 '정情에 대한 보고報告'가 아닐까요? '정'을 교환하는 것입니다. 귀곡자는 '정'에 대한 탐색과 그것을 다루는 기술을 강조합니다. 그것이 췌마술입니다.

췌마술

'정'이 단지 감정만을 가리키는 것은 아닙니다. 귀곡자가 말하는 정은 내적으로 근본적인 심리로서의 진정眞情과 외적으로 객관적인 정황과 권력 관계 구조로서의 실정實情으로 구분됩니다. 필자는 이 두 가지를 모두 '정보'라는 개념으로 설명하고자 합니다.

『귀곡자』의 7편은 「췌」입니다. 췌정揣情이라고도 하며, 정보를 측정하고 파악하는 것을 가리킵니다. 또 8편은 「마」로, 마의摩意라고도 합니다. 상대의 의도를 어루만지면서 유혹하는 기술을 말합니다. '마'라는 말에서 안마를 떠올리시기 쉬운데요. 그것도 좋은 방법입니다. 한자도 같습니다. 안마按摩를 하듯이 상대를 어루만지고 주무르고 자극해 상대의 본심과 의도를 다루는 기술이니까요.

췌마술은 상대의 마음을 헤아려 정보를 파악하고 진심을 어루만져서 유도하는 기술이라고 정의할 수 있습니다. 상대의 정보를 분석하고 분별해 상대방의 심리와 취향, 의도, 전략 등을 파악하는 것을 '췌정'이라고 하면, 그것을 바탕으로 상대의 마음을 어루만지면서 다루는 심리적 기술은 '마의'입니다.

유세란 상대의 정보를 파악해 의도를 떠보고 어루만지고 위협하고 유혹해서 자신의 의도를 믿게 만드는 언어적 기술이며 마술입니다. 마치 군사 정보를 수집하고 적의 심리 상태를 파악하고 분석한 뒤 전쟁의 전략과 전술을 예측해 실행하는 것과 마찬가지입니다.

귀곡자가 말하는 정보 파악은 상대의 주관적이고 객관적인 상태와 조건을 파악하는 것으로 나눌 수 있습니다. 주관적인 상태와 조건은 근본적인 감정 상태와 무의식적 심리 상태입니다. 근본 심리의 지향점 같은 것입니다. 상대의 진짜 마음의 지향점이며 의도입니다. 아까 말씀드린 진정입니다.

객관적인 상태와 조건은 실정이나 정황 혹은 정세라는 말에 잘 드러납니다. 상대가 처한 외적인 상황이나 조건이지요. 외부 상황의 지형도 혹은 형세라고도 말할 수 있습니다. 권력 관계의 지형도이자 정치 현실이기도 합니다. 귀곡자에게 정情은 이 두 가지 요소를 모두 아우르는 개념입니다. 이는 모두 정보에 해당합니다.

귀곡자는 먼저 전략을 세우고 군주에게 유세를 하려면 이 정보와 의도를 먼저 파악해야 한다고 강조합니다. 아무리 훌륭한 이념과 전략을 가지고 있더라도 객관적인 정보와 상대의 진정을 파악하지 못하면 전략을 실천할 수도 없고 유세로 설득할 수도 없습니다.

선왕의 도와 성인의 전략을 가지고 있더라도 정보를 파악하는 기술이 없다면 성인에게 은밀하게 감추어진 오묘한 의도를 알지 못해 성인의 도와 전략을 시행할 수 없다. 이것이 전략의 근본이며 유세의 원칙이다.

雖有先王之道·聖智之謀, 非揣情, 隱匿無所索之. 此謀之大本也, 而
說之法也.(『귀곡자』「췌」)

먼저 객관적인 권력 관계의 지형도를 파악해야 합니다. 귀곡자는 영토 크기, 인구의 많고 적음, 경제 수준, 지형地形의 유리함, 군주와 신하 사이의 친소親疎 관계, 작전 참모나 브레인의 요소, 빈객賓客의 구성, 제후와의 외교 관계, 백성의 정세 등등 구체적인 요소를 파악하라고 합니다. 정보 파악은 먼저 정치 현실의 권력 관계 지형도를 장악하고 그 안에 있는 개인들의 의도와 본심을 아는 것입니다.

귀곡자는 객관적인 지형도, 상대의 진심과 정보를 파악하는 방법을 떠보는 것, 즉 낚시질로 상징합니다. 속된 말로 간을 보는 것이기도 하고요. 상대의 감정을 자극해 감정이 모두 드러나게 만드는 것입니다.

구체적으로 말하면, 상대가 기뻐하면 함께 기뻐하면서 상대를 더 기쁘게 만들라고 합니다. 그러면 상대의 기쁨 속에 욕망이 드러납니다. 그 욕망으로부터 정보를 얻는 것입니다. 또 상대가 두려워하면 더욱 두려워하게 만들어서 그가 혐오하는 것을 드러내게 합니다. 그 혐오하는 것으로부터 정보를 얻습니다.

상대의 드러난 감정으로부터 그 감정이 유발되어나온 근본 심리를 파악하려는 것입니다. 이 근본 심리와 의도가 겉으로 드러난 것과는 다를 수 있기 때문입니다. 귀곡자는 이렇게 말합니다.

내면에서 감정이 변화하면 그것은 겉으로 모습이 드러나게 마련이다. 그래서 항상 드러난 것을 통해 감추어진 것을 알아야 하니 이를 깊이 숨겨진 것을 헤아리며 내면의 정보를 살피는 것이라 한다.
夫情變於內者, 形見於外. 故常必以其見者, 而知其隱者. 此所以謂測深揣情.(『귀곡자』「췌」)

귀곡자의 이런 말은 병법과 관련이 됩니다. 『육도』六韜 「무도」武韜 12편 「발계」發啓에는 이런 표현이 있습니다.

반드시 겉으로 드러난 것과 감추어진 것을 동시에 살펴야 상대의 마음을 알 수 있다. 외적인 조건과 내적인 조건을 동시에 살펴야만 상대의 의도를 알 수 있다. 싫어하며 멀리하는 것과 아끼며 가까이 하는 것을 동시에 살펴야만 상대의 정보를 알 수 있다.
必見其陽, 又見其陰, 乃知其心. 必見其外, 又見其內, 乃知其意. 必見其疏, 又見其親, 乃知其情.

이런 기술들이 좀 야비하다고 생각될 수 있습니다. 맹자의 입장에서 보면 미끼를 던져 마음을 낚아 올리는 것이니 도둑질과 같습니다. 분명 췌마술의 기본 방법은 미끼를 던져서 상대가 흥분해 속내를 드러내도록 유발하면서도 자신은 냉정을 유지해 잽싸게 정보를 낚아채는 것입니다.

이는 미끼로 말을 낚아서 그 말이 상황의 맥락과 부합되는지를 파악하는 것으로 상대의 진실한 의도를 낚는 방법이다. 마치 그물을 만들어 짐승을 잡을 때 짐승들이 자주 다니는 길에 그물을 많이 만들어 잡듯이, 반문과 질문을 통해서 그의 말이 실제 상황의 맥락과 부합하는지를 보면 상대는 자신도 모르게 진실한 의도를 드러내게 된다. 이것이 사람의 마음을 낚시질하는 그물이다.
其釣語合事, 得人實也. 其張置網而取獸也, 多張其會而司之, 道合其事, 彼自出之, 此釣人之網也.(『귀곡자』「반응」)

분명 교활한 방법이기 때문에 낚이는 사람을 기분 나쁘게 할 수도 있습니다. 내가 미끼에 낚였다고 생각하면 아주 기분 나쁜 일 아니겠습니까. 그러니 당연히 상대가 낚였다는 사실을 알지 못하게 하는 기술이 중요합니다. 귀곡자는 이 점을 강조합니다.

그래서 사람과 관계할 때 모호한 태도를 취해 눈치 채지 못하게 하면서도 상대의 정보를 엿보는 데에는 신속하다.
其與人也微, 其見情也疾.(『귀곡자』「반응」)

그러나 간사한 방법이라고 말하기 이전에 왜 이런 방식을 취하는가를 물어야 합니다. 미끼는 보이지 않는 장치입니다. 이를 상대가 의식하지 못하게 하는 이유는 저항을 줄이기 위함입니다. 사람은 누군가 자신의 정보를 빼내려 하는 의도를 눈치 채면 마음을 굳게 닫고 저항합니다. 거짓된 정보를 흘리기도 합니다. 그러므로 은밀하게 진행해야 합니다.

우회 전략

상대가 알지 못하게 하는 하나의 방법은 직접적으로 말하지 않는 것입니다.

내가 반대로 가면 그는 도리어 반대로 반응해온다. 반응해온 상대의 말 속에는 상징과 비유가 담겨 있는데 그것을 바탕으로 해서 기초 전략을 정할 수 있다.
己反往, 彼覆來, 言有象比, 因而定基.(『귀곡자』「반응」)

'내가 반대로 가면 그는 도리어 반대로 반응해온다'는 말을 어떻게 이해할 수 있을까요? 내가 어떤 문제에 대한 정보를 얻으려고 하는 의도를 상대가 의식하게 되면 상대는 당연히 정보를 주지 않으려고 합니다. 그래서 어떤 문제를 직접적으로 묻지 않고 다른 문제에 대해서 질문하면 그 질문에 대한 대답으로부터 먼저 알아내려고 했던 문제에 대한 정보를 얻을 수 있다는 말입니다.

사람의 심리는 이상합니다. 너무 적극적으로 나가면 오히려 부담을 가지고 회피합니다. 어떤 목적을 가지고 노골적으로 접근하면 상대는 저항하게 되는 것입니다. 여유 있게 돌아가는 방법이 오히려 상대의 정보와 의도를 파악할 때 효과가 있을 뿐 아니라 상대가 눈치 채지 못하도록 하는 데 도움을 줄 수 있습니다. 귀곡자가 말하는 방식은 『손자병법』에서 말하는 우회 전략과 동일합니다.

유리한 위치를 선점하는 전쟁보다 어려운 일은 없다. 유리한 위치를 선점하는 전쟁이 어려운 이유는 우회적으로 돌아가는 전략을 직선적으로 빨리 가는 방법으로 삼아야 하며, 자신의 불리한 조건을 유리하게 만들어야 하기 때문이다. 그래서 우회 전략을 통해 상대가 유리하다고 생각하도록 유도하고 나중에 출발해 먼저 도착해야 한다. 이것이 우회적인 방법으로 곧장 가는 전략을 아는 것이다.

> 莫難於軍爭. 軍爭之難者, 以迂爲直, 以患爲利. 故迂其途, 而誘之以
> 利, 後人發, 先人至. 此知迂直之計者也.(『손자병법』「군쟁」軍爭)

이런 전략은 『삼십육계』三十六計에서 유명한 암도진창暗渡陳倉과 유사합니다. 정면으로 공격하는 척하면서 상대를 착각하게 만들어 유인하고, 실제로는 다른 길로 우회해 기습 공격을 펼치는 것이지요. 이러한 전략을 쓴 대표적인 인물이 한漢나라 대장군인 한신韓信입니다.

유방劉邦은 항우項羽로부터 도망가면서 한중漢中과 관중關中을 통하는 벼랑길을 전부 태워버려 다시 관중으로 돌아올 뜻이 없는 것처럼 보이게 했습니다. 그리고 병력을 강화시킨 유방은 한신을 보내 이전에 태워버린 벼랑길을 수리하는 척합니다. 마치 이 길로 공격하려는 것처럼 말이지요.

항우는 이 소식을 듣고 군대를 이 길에 배치해 수비를 강화했고, 적군의 주의력은 이렇게 오도되었습니다. 그러나 한신은 우회로를 거쳐 진창陳倉을 통해 돌연히 기습 공격을 감행함으로써 승리했던 것입니다. 이것이 '암도진창'입니다.

이는 어떤 사실을 부각시켜서 다른 사실을 은폐하는 전략입니다. 인간의 심리에도 이런 측면이 있습니다. 귀곡자는 이렇게 말합니다.

> 상대의 소리를 들으려면 자신은 도리어 냉정하게 침묵하고, 상대가 속내를 펼치도록 만들려면 자신은 도리어 안으로 수렴하며, 상대의 감정을 고조시키려면 자신은 도리어 침잠하고, 상대로부터 뭔가를 얻으려면 자신은 도리어 준다. 상대가 정보를 스스로 드러

내게 하려면 상징적이고 비유적인 말을 먼저 해서 그의 언사를 유
도해낸다.
欲聞其聲反默, 欲張反瞼, 欲高反下, 欲取反與. 欲開情者, 象而比之,
以牧其辭.(『귀곡자』「반응」)

이 말은 『노자』에 나온 "움츠리게 하려면 먼저 반드시 펴주고,
약하게 하려면 먼저 반드시 강하게 해주고, 없애려 하면 반드시 먼
저 흥하게 해주고, 빼앗으려면 먼저 반드시 주어야 한다"(將欲歙之,
必固張之, 將欲弱之, 必固强之, 將欲廢之, 必固興之, 將欲奪之, 必固與之)는 논리와
동일합니다.

이런 논리는 묘한 인간의 심리를 간파했기 때문에 가능합니다. 마음을 엿보려 한다는 의도를 눈치 채면 상대는 오히려 자신의 마음을 보여주려 하지 않습니다. 이것이 정신 분석학에서 말하는 저항입니다. 무의식의 영역에 접근하려는 의도를 들키면 상대는 저항하면서 굳게 마음의 문을 닫아걸고 거짓된 정보를 드러냅니다. 귀곡자는 이런 점을 의식하고 다음과 같은 방법을 거론합니다.

여기에서 자극해 유도하면 저기에서 그에 상응하는 내면의 심리가
호응하면서 드러난다. 이에 그것을 따르고 화답하면 이루지 못할
일은 없다.
摩之在此, 符應在彼. 從而用之, 事無不可.(『귀곡자』「마」)

성동격서 聲東擊西라는 말 들어보셨지요. 자극을 해도 직접적으로 자극하는 것이 아니라 전혀 상관없는 측면에서 자극해 다른 측면을 유도해내는 것입니다. 다만 사소한 것을 자극하고 그와 유사

한 맥락을 통해서 상대의 정보와 의도를 파악하되 그에 대해 모르는 척해야 합니다.

이와 유사한 일화를 하나 소개하겠습니다. 종횡가의 원조라 할 수 있는 자공입니다. 자공은 이런 기술에 능했습니다.

공자의 제자였던 염유冉有는 공자가 위衛나라 군주 첩輒을 도울지 안 도울지 궁금했나 봅니다. 첩의 부친 영공靈公은 어리석었고 부인 남자南子는 음탕했습니다. 기원전 496년, 영공의 태자인 괴외蒯聵는 남자를 죽이려다 실패하고 국외로 망명했는데 영공이 죽은 뒤 남자는 괴외의 아들 첩輒을 왕으로 세웠지요. 그가 출공出公입니다. 그래서 아들 첩과 아버지 괴외 사이에 16년 동안 부자간 정권 다툼이 벌어집니다.

이런 첩을 공자는 도울까요, 돕지 않을까요? 직접 물어보기가 힘든 문제였는지 다른 제자들이 망설이며 물어보지 못하자 자공이 나섭니다. 한데 에둘러 말했지요. "백이와 숙제는 어떤 사람입니까?" 이에 공자는 "옛날의 현인들이지"라고 합니다. 자공은 그 사람들이 후회했느냐고 묻습니다. 백이와 숙제는 무왕이 상나라 주왕을 징벌하려 했을 때 불충不忠이며 불효라며 수양산으로 들어가 고사리를 캐어 먹고 살다가 굶어 죽었던 인물입니다.

공자가 이렇게 대답합니다. "인仁을 구해서 인을 얻었는데 무엇을 원망하겠는가." 자공은 그 말을 듣고 염유에게 공자가 아무도 돕지 않을 것이라고 합니다. 자공은 다른 측면을 자극해 공자의 마음을 떠보았고 공자의 본심을 낚았던 것입니다.

자공만이 상대의 마음을 떠본 것은 아닙니다. 공자도 그러합니다. 『여씨춘추』「임수」任數에는 이런 일화가 있습니다. 공자가 진나라와 채나라 사이에서 어려움을 당해 며칠을 굶었습니다. 자공이 곡식을 구해 왔고 안회顔回가 밥을 지었습니다. 그때 그을음이 밥에 떨어져 안회가 더러워진 밥풀을 건져 먹었습니다.

이 장면을 보고 안회가 너무 배가 고파 밥을 훔쳐 먹었다고 오해한 자공이 공자에게 일러바쳤습니다. 공자는 자공의 말만 믿고 성급하게 안회를 다그치지 않았습니다. 오히려 사실 관계를 확인하면서 안회의 마음을 떠보려 다른 말을 합니다.

공자는 안회를 불러 꿈속에서 돌아가신 분들을 보았으니 밥을 제사상에 먼저 올리고 나중에 먹자고 물었습니다. 안회는 안 된다고 답했습니다. 그을음과 재가 들어가 음식을 버리기가 아까워 한 줌 먹었다고 고백하면서 말입니다. 이런 식으로 공자는 안회가 배가 고파서 음식을 훔쳐 먹은 것이 아니라는 사실을 확인했고 그렇기 때문에 제사상에 올리지 못하겠다는 안회의 마음도 알아냈습니다.

공자는 이렇게 말합니다.

"제자들아, 잘 기억해두어라. 사람을 안다는 것은 본래 쉽지 않은 일이다."(弟子記之, 知人固不易矣.)

뭔가를 아는 것은 어려운 것이 아닙니다. 사람을 아는 것은 정말로 어려운 일입니다. 그리고 말을 잘 경청하지 않으면 사람은 알 수 없습니다. 『논어』의 마지막에는 이런 말이 있습니다.

말을 알지 못하면 그 사람의 사람됨을 알 수가 없다.
不知言, 無以知人也.(『논어』「요왈」堯曰)

사람의 마음을 낚시질하는 것은 권모술수로서 추악한 행위가 아니라 오히려 상대의 마음을 상하지 않게 하면서 본심을 알아내는 멋진 행위일 수 있습니다. 결국 췌마술은 상대에게 어떤 자극을 주느냐에 따라 상대의 반응을 유도하고 그 반응을 통해 그의 정보와 의도를 파악한 후 그 마음을 어루만져 상대를 설복시키는 기술입니다.

무정한 사람

이러한 기술들은 상대를 부추기고 꼬드기고 부채질한다는 점에서 선동으로 보일 수도 있을 것입니다. 그러나 분명 강제적 폭력이 아니라 상대가 모르게 상대의 심리 경향을 이용해 설득하는 방법입니다.

> 은밀하게 상대가 욕망하는 것을 어루만져 자극하면서 관측하고 탐구하면 그에 상응하는 내면의 심리가 외부로 드러나 반드시 반응하게 된다. 일단 반응하면 반드시 무엇인가 하고자 하는 바를 하려 한다. 그럴 때 은밀하게 모른 척하면서 떠난다.
> 微摩之, 以其所欲, 測而探之, 內符必應. 其所應也, 必有爲之. 故微而去之.(『귀곡자』「마」)

마지막 '은밀하게 모르는 척하면서 떠난다'는 말을 어떻게 이해할 수 있을까요? 전 이 말을 주목해서 보아야 한다고 생각합니다. 그래야 상대가 모르게 해야 한다고 귀곡자가 주장하는 이유를 알 수 있기 때문입니다.

상대가 모르게 한다는 것은 정보를 완전하게 장악해서 상대에게 어떤 영향을 미치고 어떤 효과를 발생시키고 공을 이루었는데, 동시에 그것에 집착하지 않고 상대가 모르게 떠난다는 의미로 해석할 수 있습니다.

도홍경의 설명을 보면 분명하게 드러납니다. 도홍경은 이 구절을 신하가 공을 이루고도 사람들이 눈치 채지 못하게 물러서는 모습으로 설명합니다. 즉 군주를 보좌하는 신하는 어떤 일에 대한 공을 이루었더라도 공로를 군주에게 돌리고 그 일의 성취를 자신의 공로로 주장하지 않는다는 것입니다.

대표적인 예가 바로 장량張良입니다. 장량은 유방을 도와 공적을 이루었지만 그 모두를 버리고 은둔해 목숨을 지킬 수 있었습니다. 그러므로 이 구절이 의미하는 바는 단순한 권모술수적인 음모만이 아닙니다. 자신을 방어하는 기술이기도 합니다. 그래서 도홍경은 귀곡자의 '은밀하게 모른 척 떠난다'는 말을 노자의 '공을 이루고도 그것을 차지하지 않는다'는 뜻의 '공성불거'功成不居로 설명합니다.

이런 측면에서 자신의 이념을 실천하면서 정치 효과를 발생시키되, 그것을 자기만의 공로라고 자만하거나 집착하지 않고 숨기고 떠나는 태도라면 상당히 도덕적인 행위라고 할 수 있습니다. 결론적으로 귀곡자는 췌마술에 다음과 같은 효과가 있다고 말합니다.

틈새를 보면 망설이지 않고 즉시 행하니 적합한 기회에 늦지 않고, 공을 성취했다고 해서 그것에 집착하지 않으며 인내를 가지고 오래도록 시행하면 상대를 변화시키는 영향력을 미칠 수 있다.
夫幾者不晚, 成而不抱, 久而化成.(『귀곡자』「마」)

필자는 '인내를 가지고 오래도록 시행하면 상대를 변화시키는 영향력을 미칠 수 있다'고 번역된 '久而化成'(구이화성)에 주목해야 한다고 봅니다. 프로파간다의 선동술과는 달리 보이지 않는 영향력으로 사람의 마음을 변화시킨다는 것은 오랜 동안의 어루만짐과 설득을 통해 덕을 쌓고 선한 행위를 축적함으로써 이루어지는 것입니다. 그것은 인내와 전략을 통한 노동의 힘입니다. 그것이 정치의 힘이 아닐까요?

모든 것에 대한 정보와 상대의 의도를 완전하게 파악하고 장악했을 때 이러한 전략적 행위가 가능하다고 귀곡자는 생각합니다. 정보를 파악하지 못했을 경우는 오히려 폭력적이 될 수 있습니다. 그런 의미에서 정치는 폭력이 아닙니다. 말의 힘이고 정보를 나누는 힘입니다.

예수는 '오른손이 한 일을 왼손이 알지 못하게 하라'라고 했습니다. 선행을 할 때는 가까운 사람들 모르게 하라, 선행한 일을 자랑하지 말라 정도의 얘기일 것입니다. 그러나 단순히 좋은 일을 남몰래 하라는 뜻만 있을까요?

필자는 더 나아가야 한다고 봅니다. 남이 내 공로를 알아주기를 바라고 하는 일은 진정으로 행하는 일이 아닙니다. 목적의식을 가지고 일하는 것도 마찬가지입니다. 스스로 선한 일을 하고 있다는 의식 자체가 없어야 한다는 말입니다.

귀곡자가 보기에 오른손이 한 일을 왼손이 알지 못하게 하려면 모든 정보를 완전하게 파악하고 있어야 합니다. 정보를 완전하게 알고 아무도 모르게 선행을 하고도 그것을 자랑하거나 집착하지 않는 것입니다.

그러나 과연 인간이 모든 정보를 완전하게 알 수 있을까요? 그것은 신적인 능력입니다. 인간은 정보를 완전하게 장악했다고 착각하는 순간, 오만과 자만에 빠져 냉정하고 무정하게 행동할 수 있습니다. 완벽하게 신적인 행위를 한다고 착각하게 되는 것입니다. 잔인해질 수도 있습니다.

이 점을 예리하게 지적한 사람이 주자입니다. 주자는 이렇게 정보의 완전한 장악을 통한 정치 행위가 오히려 독재적이고 잔인한 정치가 될 수 있다고 보았습니다.

『주자어류』朱子語類에서 노자를 논하는 부분을 보면 흥미로운 얘기가 많습니다. 노자의 영향을 받은 인물로는 신불해申不害, 한비, 소진, 장의를 들 수 있습니다. 결국 법가나 종횡가는 노자의 영향을 깊이 받은 학파입니다. 많은 학자가 귀곡자도 『노자』와 『주역』의 영향을 깊이 받았다고 평가합니다.

주자는 노자의 '합벽'闔闢, 즉 '열림과 닫힘'이라는 기술에 대해 묻는 제자의 질문에 대해서 다음과 같이 말합니다.

> 예를 들어 노자의 '취하고자 하면 반드시 주어라' 같은 말은 인간의 심리를 파악하고서 교묘히 농간하는 것이다. …… 남의 나쁜 점을 굳이 자신이 나서서 바로잡지 않고 다른 사람이 그 스스로 이해하게 만드는 것이다. 그러나 단지 편리한 점만 차지하고 자신은 기꺼이 손대지 않으려는 것이다.
> 如'將欲取之, 必固與之'之類, 是他亦窺得些道理, 將來竊弄. …… 謂如人之惡者, 不必自去治他, 自有別人與他理會. 只是占便宜, 不肯自犯手做.(『주자어류』「노자」老子)

주자도 노자의 술수를 상대가 모르게 상대의 마음을 다루는 방식이라고 봅니다. 자신이 전면에 직접 나서지 않고 다른 사람을 이용하거나 어떤 장치를 이용하게 상대가 스스로 움직이게 만드는 것입니다. 손 대지 않고 코 푸는 방식입니다. 귀곡자에게도 그런 측면이 있습니다. 그리고 주자는 분명하게 노자의 영향을 받은 집단의 위험성을 분명하게 경고합니다.

> 그 형세는 반드시 잔인한 마음과 무정한 행동에 이르게 된다. 그래서 천하 사람 보기를 마치 흙 인형처럼 여길 뿐이다. 그 마음은 차디차기가 얼음 같아 사람을 죽인다 해도 불쌍하게 여기지 않는다. 然其勢必至於忍心無情, 視天下之人皆如土偶爾. 其心都冷氷氷地了, 便是殺人也不恤.(『주자어류』「노자서」老子書)

귀곡자의 학설도 주자의 이런 경고에서 예외는 아닙니다. 모든 정보와 의도를 파악했다는 자만은 자신의 행위가 전적으로 옳다는 독단적인 확신을 만듭니다. 그럴 때 냉정한 잔인함이 나올 수 있습니다. 그런 점에서 귀곡자가 말하는 음모적인 행위는 주자의 표현대로 무정한 듯 보일 것입니다.

그러나 귀곡자의 무정함은 오히려 정이 없는 것이 아니라 애정을 지니고 있지만 없는 듯이 보이는 행동으로서의 무정입니다. 또한 정보를 완전하게 장악했지만 모르는 척하는 태도와 유사합니다. 정보를 완전히 장악해 효과적인 결과가 나도록 행위 하되, 정보를 악용하거나 이용한 결과에 집착하지 않는 태도입니다. 물론 주자가 말했듯이 이러한 태도가 잔인해질 수도 있다는 점은 깊이 생각해보아야 할 것입니다. 인간은 신이 아니라 동물이기 때문입니다.

제9강

때가 무르익었으면 혁명하라

틈새

『삼국지연의』는 이렇게 시작합니다.

"오래도록 나뉘면 반드시 다시 합쳐지고, 오래도록 합쳐지면 반드시 나뉜다."(天下大勢, 分久必合, 合久必分.)

천하 영웅의 다툼과 권력의 흥망성쇠도 그러하지만 우리네 인생도 마찬가지가 아닐까요? 그러나 이렇게 나뉘고 합쳐지는 인생은 채플린이 말했듯이 "가까이서 보면 비극이지만 멀리서 보면 희극"인지도 모릅니다. 귀곡자도 이와 비슷한 말을 합니다.

> 모든 사물에는 저절로 그러한 내적 원리가 있고 어떤 일이든 통합되고 분열되는 때가 있다. 이를 가까이서는 볼 수 없지만 멀리서는 잘 알 수 있다.
> 物有自然, 事有合離. 有近而不可見, 遠而可知.(『귀곡자』「저희」)

가까이에서 보면 보지 못하지만 멀리서는 알 수 있는 이유는 무엇일까요? 『귀곡자』에 따르면 분열되는 틈새는 가까이 있을 때는 알 수 없지만 시간이 흐르고 나면 이해할 수 있기 때문입니다.

현재는 틈새를 보지 못하지만 과거를 통해 분열의 틈새를 이해할 수 있습니다. 이번 강의의 주제는 이 틈새에 관한 이야기입니다.

『귀곡자』 4장의 제목은 '저희'抵巇로 '틈새를 봉합한다'라는 뜻입니다. '봉합한다'라고 번역한 이유는 미봉책彌縫策을 연상하게 만들기 위해서입니다. 미봉책은 어려진魚麗陣이라는 전술과 관련되는 말입니다. 어려진 전술은 물고기 비늘처럼 촘촘히 구성한 배치를 말하는데, 전차 부대를 앞세우고 보병이 전차 부대 사이의 틈을 연결하는 전술을 가리킵니다. 문자 그대로는 틈새를 '실로 꿰매는 방책'이라 할 수 있지요. '저희'를 '틈새를 봉합한다'라는 말로 푼 것도 이 '미봉책'이라는 병법과 연관 지어 이해할 수 있기 때문입니다.

요즘은 미봉책이라는 말이 잘못된 것을 얼렁뚱땅 꾸며 눈가림만 하는 임시 대책이라는 부정적인 뜻으로 널리 쓰입니다. 그러나 원래는 결여의 부분을 메운다는 뜻입니다. 틈새를 메우는 것이지요. 일상용어에서도 틈은 흠, 결점과 관련됩니다. 어떻게 보면 가장 취약하고 위험한 곳을 메우는 것과 같습니다. 흠은 위기지만 동시에 기회이기도 합니다. 위기란 곧 틈이 벌어진 것입니다.

틈이 벌어졌을 때와 위기에 처했을 때 취해야 할 전략은 매우 정치적인 의미를 가집니다. 『귀곡자』의 「저희」는 이 가장 취약한 부분인 틈새를 메우는 전략과 해결하는 방법을 설명하는 부분입니다. 이 편에는 이런 말이 있습니다.

> 천지가 개벽한 이후로 모든 사물의 변화 과정에는 반드시 틈새가 있었으니 살피지 않을 수 없다. 열고 닫는 패합의 기술로 틈새를 살피고 봉합하는 방법을 활용할 수 있다면 성인이다.
>
> 自天地之合離終始, 必有巇隙, 不可不察也. 察之以捭闔, 能用此道,

聖人也.

  흙으로 만든 담장과 그릇을 생각해보십시오. 담장은 흙을 쌓아올린 것이고 그릇은 진흙을 뭉쳐놓은 것입니다. 그러나 아무리 높은 담장도 틈새로부터 무너지고 아무리 큰 그릇도 틈새로부터 깨집니다. 틈새는 붕괴의 시작이지만 미세해 쉽게 알아차리기 힘듭니다. 가까이서는 결코 알아차릴 수 없이 미세합니다.

  작은 틈새일 때는 봉합해 막을 수 있지만 틈이 갈라져 간극이 커지면 봉합할 수 없습니다. 무너질 수밖에 없습니다. 봉합할 수 있을 때 봉합하고 봉합할 수 없다면 깨버려야 합니다. 담장이나 그릇만이 아니라 인간관계에도 틈새가 있고, 사물의 변화 과정 및 사회적 사건 그리고 역사적 흐름과 변화에도 틈새가 있습니다. 귀곡자는 '열고 닫는 패합의 기술로 틈새를 살피라'고 분명하게 말합니다.

  앞에서 말씀드렸듯이 패합술을 통해 틈새를 살피는 것도 상대의 진짜 의도와 미래를 예측할 수 있는 정보를 살피는 것과 관련이 있습니다. 이것을 어떻게 알아차릴까요? 그리고 틈새로부터 귀곡자는 무엇을 보았을까요? 귀곡자는 틈새를 이렇게 설명합니다.

> 틈새(巇)는 빈틈이고 빈틈은 간극이다. 간극은 큰 구멍을 만든다. 틈새가 생기기 전에 미세한 징후가 있다.
> 巇者, 罅也. 罅者, 㶊也. 㶊者, 成大隙也. 巇始有朕. (『귀곡자』「저희」)

  한자들이 좀 복잡하지만 무시해도 좋습니다. 주목할 말은 틈새가 일어나기 전에 미세한 조짐, 즉 징후가 있다는 말입니다. '조짐'을 나타내는 글자가 '朕'(진)인데 『설문해자』說文解字에서는 '목정'目精을 뜻하며, '朕'(짐)과 같다고 합니다. '목정'은 눈의 정수로 눈빛을 의미합니다. 눈빛을 보면 뭔가 낌새를 알아차릴 수 있다는 뜻이겠지요.

그리고 '짐'은 현재 우리말의 조짐兆朕, 징조, 징후 등과 비슷합니다. 어떤 흔적이자 전조前兆라고 할 수 있지요. 다만 귀곡자에게 조짐이나 전조는 종교적이거나 신비하고 예언의 의미를 가진 오멘omen이 아닙니다. 오히려 요즘 정신 분석학에서 얘기하는 징후symptom에 가깝습니다. 틈새 사이로 나오는 어떤 낌새 혹은 징후지요. 그렇다면 징후로서의 틈새를 어떻게 이해할 수 있을까요?

실재계의 침입

『시경』「진풍」秦風에 「권여」權輿라는 시가 있습니다.

나를 커다란 집에서 융숭히 대접하시더니
지금은 먹는 것도 근근이 끼니를 이을 정도
아아! 처음과는 달라지셨구나

나에게 끼니마다 성찬을 베푸시더니
지금은 먹을 때마다 배불러 보지도 못하네
아아! 처음과는 달라지셨구나

대접이 소홀해졌다고 불평하는 노래같이 들리실지 모르지만 여기에는 사연이 있습니다. 주자는 이 시와 관련해서 한나라 때 초

원왕元王이 총애한 신하 목생穆生의 일화를 소개합니다. 초 원왕은 한나라 고조 유방의 아우 유교劉交입니다. 유교는 목생을 아껴서 술을 마시지 못하는 목생을 위해 주연酒宴이 있을 때마다 예주醴酒, 즉 단술을 마련했습니다.

그런데 유교가 죽자 그의 아들 유무劉戊는 처음에는 목생을 대우하는가 싶더니 며칠 못 가서 단술을 준비하지 않았습니다. 목생은 이 일로 초나라를 떠났다고 합니다. 주변 사람들은 사소한 일로 그렇게까지 할 필요가 있느냐고 목생을 비난했습니다.

목생이 떠난 이유는 그런 군주와 함께 정치를 할 수 없다고 판단했기 때문입니다. 『사기』「초원왕세가」楚元王世家에 따르면 실제로 유무는 현자들을 죽이고 악행을 일삼다가 반란에 패해 자결했다고 합니다. 그러면 목생은 이 사소한 일에서 무엇을 보았던 것일까요?

『주역』에는 명이괘明夷卦가 있습니다. '명이'明夷란 어두운 시대를 상징합니다. 독재 권력이 판을 치는 혼란한 시대라고 생각하시면 되겠습니다. 명이괘는 이러한 시대에 함부로 행동하지 않고 조용히 은거한다는 뜻을 담고 있습니다. 정이천程伊川은 이 괘에 주석을 달면서 목생의 일화를 예로 들어 다음과 같이 말합니다.

> 사건이 아직 드러나지 않았지만 군자는 기미를 보고 즉시 피한다. 세속 사람들은 그 기미를 볼 수 없어서 괴이하게 여기며 비난한다. 목생이 초나라를 떠나자 신공과 백공마저 비난했으니 세상 사람들이야 어찌했겠는가.
> 其事則未顯也, 君子見幾, 故亟去之, 世俗之人, 未能見, 故異而非之, 如穆生之去楚, 申公白公且非之, 況世俗之人乎.

주목해야 할 단어는 '기미'라고 번역한 '幾'(기)입니다. '기미'가 바로 귀곡자가 말하는 틈새이며 징후입니다. 그러나 기미란 무엇을 의미할까요? 사전적으로는 '어떤 일을 알아차릴 수 있는 눈치'입니다. 미래를 알 수 있는 능력이기는 하지만 어떤 신비한 능력이라고 할 수 있을까요?

근래에 가장 충격적인 사건을 들라면 역시 2002년 9월 11일 뉴욕에서 일어났던 참사일 것입니다. 저도 그때 비행기가 쌍둥이 빌딩을 뚫고 들어가 폭발하며 붕괴되는 모습을 보면서 영화가 아닐까 의심했던 기억이 있습니다. 그것이 테러에 의해 이루어졌다는 사실은 미래에 대한 어떤 조짐을 느끼게 합니다. 과연 이 사건을 어떻게 보아야 할까요?

슬라보예 지젝Slavoj Zizek은 요즘 철학계의 스타입니다. 왕성한 저작을 쏟아내며 현실을 날카롭게 분석하는 그를 보면 감탄스럽습니다. 지젝이 9·11 테러 사건을 설명하는 방식은 무척 독특합니다. 우선 지젝은 라캉의 이론에 근거해 현실을 구성하는 3가지 차원을 설명합니다. 실재계the real, 상상계the imaginary, 상징계the symbolic가 그것입니다.

상징계란 쉽게 말하자면 장기의 규칙 같은 것입니다. 장기는 기본적으로 판이 있고 그 판에서 각각의 장기 알이 움직이는 규칙이 있습니다. 그 규칙에 따라 장기 알이 움직이면서 장기라는 현실이 이루어집니다.

상상계는 장기 알들이 이 규칙을 떠나 다른 방식으로 가면 좋겠다고 소망하는 것입니다. 물론 이 상상이 모두에게 공유되고 새로운 규칙으로 인정되면 새로운 상징계로 등록이 가능합니다.

그다음에 나오는 실재계가 아주 독특한 개념입니다. 아까 목생의 일화와 관련해 이 개념에 주목할 필요가 있습니다. 장기를 두고 있는데 갑자기 상대가 장기판을 엎어버립니다. 혹은 갑자기 돌이 날아와 장기판이 뒤집어지거나 갑자기 장기판이 쩍 하고 갈라집니다. 장기를 두고 있는 현실에 갑자기 예기치 못한 침범이 일어나는 것입니다. 상징계를 혼란하게 만드는 침입이지요. 이것이 실재계의 침범입니다.

이 예기치 못한 침입이 장기를 한순간에 뒤집어버립니다. 이런 침입은 장기를 두는 사람들을 당황하게 만듭니다. 장기를 두는 사람은 그 예상치 못한 사건으로 게임의 현실을 다시 보지요. 그런 점에서 지젝은 실재는 상징계에 구멍을 내는 것이며 구멍 자체가 실재라고 합니다. 그런 맥락에서 9·11 테러 사건은 자본주의적 상징계에 구멍을 낸 '실재의 침입'이라고 설명합니다.

우리가 느낀 충격과 두려움은 바로 이 현실을 새롭게 바라볼 수밖에 없기 때문에 일어나는 낯섦의 결과입니다. 그것은 실재계의 침입 때문입니다. 이것으로부터 장기를 계속할 것인가, 아니면 게임 자체의 규칙을 새롭게 바꿀 것인가 고민하게 됩니다. 그런 의미에서 9·11 사건은 자본주의라는 상징계를 새롭게 인식하게 만드는 징후와 같은 것이 됩니다.

그럴 리가 없다

필자가 지젝의 이론을 소개하는 이유는 그것이 바로 목생이 바라보았던 기미, 즉 틈새를 바라볼 수 있는 시각을 제공하기 때문입니다. 틈새란 지젝 식으로 말하면 실재의 침입이며 상징계에 침입해 드러난 구멍과 같습니다. 이 틈새를 통해 현실을 다시 인식하는 계기를 가진 목생은 초나라를 떠날 결단을 내린 겁니다.

그렇다면 귀곡자가 실재의 침범으로서의 구멍, 즉 이 틈새로부터 보았던 징후는 무엇일까요? 귀곡자는 이렇게 말합니다.

> 다양한 종류의 일의 시작과 끝을 계산하고 인간 심리의 이치를 통달해서 변화의 징후를 보고 그 관건을 지켜 대응한다.
> 籌策萬類之終始, 達人心之理, 見變化之朕焉, 而守司其門戶.(『귀곡자』「패합」)

여기서 '징후'라는 말이 마음의 이치(理)와 연결되어 설명되었다는 점에 주목해주시기 바랍니다. 이 징후는 아까 말씀드린 기미(幾)와 동일한 개념입니다. 사전적으로는 '앞일에 대한 막연한 짐작이 들게 하는 어떤 현상'입니다.

그러나 좀 더 철학적인 의미를 생각해볼 필요가 있습니다. 틈새는 기幾와 관련된 개념입니다. 『귀곡자』에도 이 기의 용례가 네 번 나오는데 그중 다음과 같은 경우는 주의할 만합니다.

> 틈새를 보고 망설이지 않고 즉시 행하니 적합한 기회에 늦지 않는다.
> 夫幾者不晩.(『귀곡자』「마」)

간단한 말이지만 고전에 밝은 사람이라면 뭔가를 떠올릴 것입니다. 『주역』「계사전」에 나오는 "기미를 보고 실행하되 하루를 기다리지 않는다"(見幾而作, 不俟終日)라는 말입니다. 표현만 다르지 동일한 내용입니다. 정이천이 목생의 행위를 평가하면서 "군자는 기미를 본다"고 할 때와 동일한 표현입니다.

여기서 '기미'의 일차적 의미는 아직 드러나지 않은 위험을 의미합니다. 위기지요. 틈은 그릇의 흠을 말하기도 합니다. 이 흠이 사실 위험합니다. 깨질 조짐이니까요. 그런데 이것을 인간의 삶이나 정치 영역에서는 어떻게 이해하면 될까요? 지금까지의 현실에 금이 가는 어떤 것입니다.

이 '기미'를 「계사전」에서는 "동요의 미세함"(動之微)이라고 표현합니다. 무엇이 동요하는 것일까요? 『오경정의』五經正義로 유명한 당나라의 공영달孔穎達은 정확히 '마음의 동요'(心動)이며 '상황의 동요'(事動)라고 설명합니다. '사람이 일상적으로 하는 일체의 행위와 마음'이나 '어떤 상황이나 현상이 벌어지고 있는 틈새'입니다. 마음이나 상황에 틈이 벌어지는 것입니다.

흔히 우리는 '동정'動靜을 살피라는 말을 합니다. '동정'은 객관적 정세의 상황 변화와 심리적인 변화를 의미합니다. 미세해 알아차리기 어렵지만 이미 동요해 틈이 벌어져 움직이기 시작하는 것이 기미입니다.

그럼 '미세함'이란 무엇일까요? 마음의 동요가 아직 의식되지 않고 드러나지 않아서 규정할 수 없는 상태입니다. 아직 의식 속에서 분명하게 인식되지 않은 어떤 무의식이지요. 「계사전」의 이 말에 대해 위진 시대 왕필의 문인인 동진東晉의 한강백韓康伯은 다음과 같이 설명합니다.

기미란 무에서 유로 진입하는 순간이다. 이때 이치가 작동하지만 아직 드러나지 않는다.

幾者, 去無入有, 理而無形.

간단하지만 핵심을 담고 있습니다. 무에서 유로 진입했다는 것은 의식되지 않았다가 의식되기 시작하는 순간을 말합니다. 미세하다는 것은 아직 드러나지 않아 의식할 수 없다는 말입니다. 그러나 이치는 작동하고 있지요. 무의식적으로 작동하고 있는 것입니다. 그 작동의 강도가 매우 약해서 의식하기 어렵기는 하지만요.

의식하지는 못했지만 동요했고 운동을 시작한 것입니다. 여기서 기미를 이치(理)와 연결시켜서 생각해볼 수 있는 단서가 있습니다. 『귀곡자』를 주석한 도홍경도 기미를 '동요하는 이치의 미세함'(動理之微)이라고 설명하는데 참조할 만합니다. 여기서 이치란 지젝이 말한 실재에 해당한다고 할 수 있습니다. 그럴 때 지젝 식으로 말하면 틈새란 이 '이치'가 침입한 구멍입니다.

송나라 도학道學의 문을 연 사람으로 평가되는 주돈이周敦頤의 대표작은 『통서』通書입니다. 이 책에서 주목해야 할 개념도 기미로서의 '기'幾입니다. 주돈이는 이 기미를 선악이 분리되는 기점으로 파악해 도덕적인 의미로 해석합니다. 그러나 『귀곡자』에는 선과 악이라는 도덕적 개념이 아직 들어 있지 않습니다.

자, 다시 기미와 이치가 어떻게 연결될 수 있는지를 생각해보겠습니다. 이치에 해당하는 '이'理라는 개념은 중국 철학의 기氣만큼이나 현대의 개념으로 이해하기 곤혹스럽습니다. 그래서 서양인은 법칙을 뜻하는 'law', 원리를 뜻하는 'principle' 혹은 'moral principle' 등으로 다양하게 해석하는데, 요즘은 'pattern'이라는 용어도 사용합니다.

'이' 개념은 그만큼 복잡하고 함축적이며 다층적입니다. 간단히 말하면 객관적인 자연의 원리를 나타내는 과학적인 사실이기도 하면서 동시에 윤리적 원리를 나타내는 도덕적인 당위를 의미하기도 합니다. 이 사실과 가치가 어떻게 '이'라는 개념 속에 혼합될 수 있을까는 상당히 철학적인 문제일 것입니다.

우선 필자는 현대 학문의 개념과 비교하기 전에 현재 우리말에 과거의 용법이 흔적처럼 남아 있는 일상적인 언어 사용으로부터 출발하고 싶습니다. 우리는 흔히 '그럴 리가 있어?' '절대 그럴 리가 없을 거야'라고 합니다. 여기서 '리'는 정확히 '理'(리)입니다. 그리고 '그럴 수가 있어'라고도 합니다. 여기서 '수'는 '數'(수)로, 현대에서 말하는 법칙으로서 경우의 수에 가깝습니다. 아무튼 이 '그럴 리가 있느냐'라는 말은 재미있습니다.

이런 질문은 가능할 것입니다. 여러분, 지금 우리가 강의하고 있는 이 건물이 무너질 리가 있을까요, 없을까요? 외적인 충격을 전혀 가하지 않았는데도 무너질 리가 있을까요, 없을까요? 그렇지요. 있습니다.

천만 년 후에 아무런 충격도 가하지 않았는데 먼지처럼 무너질 리가 있습니다. 시간적 간격이 천만 년이 걸려서 그렇지, 무너질 리가 지금 여기에 분명히 있습니다. 둘러보세요, 이 건물이 무너질 리가 지금 여기에 있습니다. 아직 그 모습이 드러나지 않았을 뿐입니다.

그럼 이 건물이 이 땅 위에서 붕 뜰 리는 있을까요, 없을까요? 현대 과학의 이론 성과에 근거하면 이 건물이 땅 위에 붕 뜰 리는 전혀 없습니다. 이는 시간적 간격이 아무리 오래 걸려도 그럴 리는 지금 여기에 없습니다.

그럼 이런 질문은 어떻습니까? 필자가 여러분 가운데 누군가를 살인할 리는 있을까요, 없을까요? 대답을 잘하셔야 합니다. 있습니까? 없어요? 정말 없을까요? 글쎄요, 있다고 봐야 합니다. 제가 살인할 리는 있습니다. 그 강도가 아주 미약하다고 해도 없다고 할 수는 없습니다.

그렇게 생각하면 모든 사람이 사람을 죽일 리는 있게 됩니다. 그러나 그러한 '리'는 그냥 일어나지 않습니다. 어떤 인연과 세력, 즉 가깝거나 혹은 먼 원인과 조건이 만나고 충돌하고 배열되고 누적되고 형성되어 시간이 축적되면서, 그 가능성의 세력이 거대한 물결처럼 될 때 현실로 어느 순간에 그 '리'가 확 드러납니다. 터집니다.

결국, 이런 일상의 용법으로 생각해보면 '리'란 객관적 사물의 원리나 외부적으로 강제되는 도덕적 당위라기보다는 오히려 '현실에 감추어진 잠재성'이라고 이해할 수 있습니다. 그리고 잠재된 그것이 어느 순간 현실에 침입하는 경우가 있습니다. 현실에 균열을 일으키는 것입니다. 그래서 이 이치라는 것과 기미는 상당히 관련되는 개념이 되는 것입니다.

귀곡자가 틈새로부터 나온 기미 혹은 징후로부터 본 것은 바로 이러한 아직 '실현되지 않은 차원'으로서의 '실재'입니다. '리'의 영역이지요. 이러한 차원은 비현실적인 망상도 아니고 탈현실적인 초월적 차원도 아닙니다. 아직 실현되지 않은 '실재'로서의 잠재성으로 이해해야 합니다.

정치는 이런 잠재성의 차원을 드러내는 것이라고 할 수 있습니다. 이런 맥락에서 귀곡자의 태도는 아무런 비판 없이 맹목적으로 현실 조건에 순응하는 현실 추수주의나 현실에 아부하며 복종하는 기회주의라기보다는 현실의 잠재성에 대한 인식을 통해 새로운 현실을 창조하고 문제를 해결하려는 현실적 실천주의에 가깝습니다.

여기에 귀곡자의 생각이 있습니다. 유세할 때 먼저 군주의 마음을 헤아리는 것과 관련해서 귀곡자는 이 틈새를 말합니다. 틈새로부터 군주의 마음이 작동하는 미세한 이치를 보는 것입니다.

그래서 틈새란 곧 이 실현되지 않은 차원이 드러나고 위험의 징후가 드러나는 구멍입니다. 실재계의 침입이 이루어지는 구멍이지요. 거기에 상대의 진짜 의도가 드러나게 된다고 본 것입니다. 그 진짜 의도는 아직 드러나지는 않았지만 순간 요동했고 잠깐 드러났던 것이지요. 그것을 본 것입니다. 목생이 떠났던 이유는 군주인 유무의 마음에서 동요했던 미세한 이치, 즉 실재로서의 잠재성을 보았기 때문입니다.

때가 무르익었으면 혁명하라

틈새로부터 일어나는 징후로부터 마음과 상황의 동요를 파악합니다. 그 동요의 떨림을 느끼는 것이지요. 그 떨림은 잠재성으로서 아직 실현되지 않은 '리'가 틈새로부터 순간적으로 드러나는 것입니다.

이 틈새의 드러남은 억지로 드러나는 것이 아니라 순간적으로 드러났을 뿐이고 그래서 발견되었을 뿐입니다. 이는 '뜻밖의 발견'이라고 할 수 있습니다. 어느 순간 뜻밖의 것이 드러나고 그것을 발견함으로써 미세한 징후를 통해 현실이 새롭게 배열되고 재인식되어 상황이 다시 구성됩니다.

결국 틈새로 새어나온 징후는 '어색한 차이'입니다. 그래서 뜻밖입니다. 이 미세한 기미는 평상시와는 다르게 느껴지는 낯섦이며 어색함이지요. 평소와 다른 차이이기도 합니다. 이 미세하지만 어색한 차이가 그것을 드러낸 사람과 상황을 지금까지와는 완전히 다른 사람과 상황으로 생각하도록 만듭니다. 미세한 징후며 동요지만 여기에서 앞으로 전개될 수도 있는, 실현되지 않은 잠재성의 갈래가 새롭게 배치되고 결합되어 재인식되는 것입니다. 그래서 기미란 아직 드러나지 않은 위험이기도 합니다.

상황의 위험을 알리는 징후를 성인은 미리 알고 독자적으로 전략을 세워 현명하고 적절한 행동으로 자신을 보존한다. 상황의 변화에 따라서 모든 일을 설명하고 계획과 전략을 충분하게 마련해서 미세하고 모호한 징후를 파악해 예방한다. 모든 일은 처음에는 털끝만 한 징후로부터 일어나지만 태산의 뿌리까지도 뒤흔들 정도로 발전한다.
事之危也, 聖人知之, 獨保其身. 因化說事, 通達計謀, 以識細微, 經起秋毫之末, 揮之於太山之本.(『귀곡자』「저희」)

귀곡자에게 중요한 점은 이러한 틈새가 정치적 사건과 관련된다는 것입니다. 흙을 뭉쳐서 그릇을 만들었을 때 그릇은 영원하지 않습니다. 어느 순간 조그만 금이 가고 언젠가는 깨집니다. 세상도 마찬가지가 아닐까요? 견고한 질서를 이룬 듯이 보이는 사회도 어느 순간 무질서로 혼란에 휩싸입니다.

성인은 천지의 관리官吏이다. 세상에 봉합할 만한 일이 없다면 깊숙이 은둔해 때를 기다리고 상황의 변화에 봉합할 만한 틈새가 생기면 세상 사람을 위해 전략을 세우고 일을 도모한다.
聖人者, 天地之使也. 世無可抵, 則深隱而待時, 時有可抵, 則爲之謀.(『귀곡자』「저희」)

귀곡자는 세상의 혼란에 질서를 세우는 관리자로서 성인의 역할을 말합니다. 세상이 분열의 틈이 벌어질 때 나타나서 세상을 봉합한다는 말입니다. 주목해야 할 부분은 사회적 혼란을 봉합하는 문제에 대한 귀곡자의 시선입니다.

귀곡자는 천하를 다스리는 군주를 말하지 않습니다. 귀곡자가 말하는 성인은 천하가 혼란스러울 때 천하의 질서를 잡되, 그 천하를 자신의 것으로 소유하지 않고 다시 물러나 은둔할 수밖에 없는 영원한 이인자이지만, 혼란한 세상을 바로잡고 불의한 권력에 대항하는 혁명적 반항아의 모습은 아닐까요? 귀곡자는 혁명을 말합니다.

성인은 조짐이 싹트고 틈새가 벌어지는 것을 보면 법칙에 근거해 봉합한다. 세상이 다스릴 만하다면 봉합해 틈새를 막고, 다스려질 수 없다면 새로운 세상을 세운다. 어떤 때는 이런 방법으로 봉합하고 어떤 때는 저런 방법으로 봉합하고, 어떤 때는 봉합해 질서를 되찾게 하고, 어떤 때는 세상을 전복해 새로운 세상을 만든다. 오제의 정치는 봉합해 틈새를 막았고, 삼왕의 정치는 새로운 세상을 이루었다. 제후끼리 서로 다투는 일은 이루 말할 수 없을 정도로 많이 일어난다. 이러한 때에 틈새를 봉합할 수 있는 능력이 가장 중요하다.

聖人見萌牙巇罅, 則抵之以法. 世可以治, 則抵而塞之, 不可治, 則抵
而得之. 或抵如此, 或抵如彼, 或抵反之, 或抵覆之. 五帝之政, 抵而塞
之, 三王之事, 抵而得之. 諸侯相抵, 不可勝數. 當此之時, 能抵爲
右.(『귀곡자』「저희」)

여기서 '오제'五帝란 『주역』「계사전」에 따른다면 복희伏羲, 신농神農, 황제皇帝, 요堯, 순舜입니다. 요와 순은 천하를 선양禪讓하고 잘 다스렸던 인물입니다. '삼왕'三王은 하나라의 우왕禹王, 은나라의 탕왕, 주나라의 문왕을 가리킵니다.

이윤은 탕왕을 도와 은나라를 건국했고 여상은 문왕을 도와 주나라를 건국했습니다. 귀곡자는 이윤과 강태공 여상을 대표적인 성인으로 봅니다. 모두 혁명을 이루어 나라를 세웠던 건국 공신입니다.

귀곡자는 질서 유지와 혁명 두 가지를 나눠 봅니다. 혼란의 틈이 벌어져 봉합의 조치를 취해 질서를 유지할 수 있으면 그렇게 하지만, 그렇지 못하고 조치할 수 없 지경에까지 이르렀다면 혁명해야 한다는 말입니다.

때가 무르익었으면 혁명을 해야 한다는 생각을 지배자들이 좋아했을까요? 『귀곡자』라는 문헌이 역사의 전면에 드러나지 못하고 민중 속에서 전해진 것도 전혀 이상할 것이 없습니다.

위기란 기회이다

패합술을 통해서 틈새를 읽는다는 것은 감추어진 잠재성을 읽고 그 위험을 통제하고 대처한다는 말입니다. 그것이 유세 전략의 기초이며 전제입니다. 틈새를 읽는 것이 유세를 하고 전략을 펼치는 근본이라는 말입니다.

틈새는 의식하기가 매우 어렵고 강도도 미세하지만 원인과 조건만 형성되어 세를 이루면 현실로 구체화될 수 있습니다. 틈이 벌어진다는 것은 신뢰와 사랑으로 결합된 관계가 의심과 미움으로 갈라지는 과정의 시초이며 징후이기도 합니다.

의심이 싹트는 것이 틈의 핵심입니다. 믿음으로 연결된 결합이 의심이라는 틈으로 갈라집니다. 이것이 천자와 제후 사이의 틈이고 군주와 신하의 틈이며 아버지와 아들 사이의 틈입니다. 귀곡자는 군주와 신하의 틈에 주목하고 그것을 미리 간파해 봉합하고자 했습니다.

이런 맥락에서 틈새란 기회이기도 합니다. 그 기회의 순간에 시세의 변화를 따를 것인지 혹은 거스를 것인지 틈새로 드러나는 잠재성을 보고 결단을 내리는 것입니다. 또한 기회란 위험을 감수하는 도전이기도 합니다.

기회를 참 재미있으면서도 적절하게 표현한 조각상이 있습니다. 뤼쉬포스Lysippos라는 그리스 조각가가 있습니다. 그가 조각한 기회의 신 카이로스를 보신 적 있으십니까? 아주 흥미롭습니다. 왼손에는 저울, 오른손에는 칼을 들었는데 앞에만 머리카락이 나 있고 뒤통수는 대머리입니다.

저울과 칼을 들고 있는 이유는 저울처럼 정확하게 판단하고 칼처럼 단번에 결단하라는 뜻입니다 앞머리가 무성한 이유는 자신을 보면 빨리 잡으라는 의미입니다. 그런데 왜 뒷머리가 대머리일까요? 뒷머리가 대머리인 이유는 앞머리를 잡지 못할 경우 다시는 잡지 못하게 하려는 것이랍니다. 기회는 오면 빨리 잡아야지 지나고 나면 후회해도 소용이 없습니다. 또 이 신은 뒷발에도 날개를 달고 있는데 달아나기 위해서랍니다. 기회는 잡지 못하면 달아나 버릴 뿐입니다. 귀곡자는 이렇게 말합니다.

정보를 파악하고 의심을 해소하는 것이 모든 일을 처리할 수 있는 기틀이다. 이로써 혼란한 세상에 질서를 세우고 성공과 실패가 결정되니, 매우 어려운 일이다.
故夫決情定疑, 萬事之基, 以正治亂, 決成敗, 難爲者.(『귀곡자』「결」)

그러나 이런 결단은 이것 혹은 저것을 선택하는 문제가 아닙니다. 기회는 기미와 같다고 말했습니다. 그리고 기미, 즉 틈새는 '그럴 리'가 드러나는 순간입니다. '그럴 리'를 보고 그러할 수밖에 없는 잠재성을 실현시키려는 전략적 행위를 하는 것입니다. 그러할 수밖에 없는 잠재성을 귀곡자는 '천시天時의 합당함'이라고 표현합니다. 천명天命입니다.

반드시 상황과 사물이 변화하는 기회를 통해서 천시의 합당함을 파악하고, 존망화복과 이해득실이 증가하고 감소하는 것을 알고, 이것에 근거해 미래를 예측하고, 이것에 따라서 상황에 적응하고 변화한다.
必因事物之會, 觀天時之宜, 因知所多所少, 以此先知之, 與之轉化.(『귀곡자』「오합」)

'천시의 합당함'은 현실 상황과 시세의 변화로부터 드러나는 잠재성입니다. 좀 어려운 말로 '잠재적 필연성'이라고 말할 수 있습니다. 아직 실현되지는 않았지만 그렇게 될 수밖에 없고 되어야만 하는 '그럴 리'를 보는 것입니다. 그런 점에서 천시란 도덕적 당위와 더불어 현실적 대세의 흐름이 형성된 것입니다. 그런 의미에서 타이밍입니다. 적절하면서도 합당한 기회입니다.

그래서 천시란 현실적 조건과 무관하게 추상적인 도덕적 당위로서 외부적으로 강제되는 것이 아닙니다. 오히려 현실 조건 속에서 그럴 수밖에 없도록 형성된 부득이함입니다. 그것이 틈새로부터 드러나는 것입니다. 거스를 것인지 순응할 것인지에 대한 당위적 명령은 현실 조건으로부터 그 부득이함, 어찌할 수 없음이 드러나는 것이지 하늘에서 뚝 떨어진 명령을 현실 조건에 강요하는 것이 아니라는 말입니다.

주목할 것은 거스른다는 것이지요. 귀곡자는 거스를 수도 있다고 말합니다. 도홍경의 표현에 의하면 악정惡政을 펼친 군주를 정벌한다는 말입니다. 이것은 군주에 대한 항명입니다. 거역이지요. 거역을 통해 지금까지의 판세를 뒤흔들어 동요시켜서 새로운 배치와 결합의 판세를 만들어내는 것입니다. 그런 점에서 틈새는 기회이며 위험의 감수이며 새로운 현실을 창조하려는 정치적 도전입니다.

이렇듯 『귀곡자』에는 혁명적 사유의 씨앗이 담겨 있다는 점에서 지배자들이 결코 호의적으로 바라볼 수 없는 문헌이었습니다. 그것이 『귀곡자』라는 문헌이 세상에 잘 알려지지 않게 된 이유는 아닐까요?

에필로그

권모술수와 음모의 재조명

『귀곡자』는 역사의 전면에 드러나지 못할 정도로 도덕적 유학자가 비난한 문헌입니다. 권모술수와 음모적 말재주는 현실을 혼란하게 만든다고 여겼기 때문입니다. 그래서 공자는 덕을 해치는 원흉으로서 진짜를 혼란스럽게 하는 '사이비'似而非를 가장 증오했습니다. 그만큼 가짜와 진짜는 구별하기 어려우며 가짜가 현실에 미치는 영향력이 강하기 때문일 것입니다.

이 어려운 문제를 다른 방식으로 생각해보지요. 유학자가 말하는 덕을 이룬 성인과 교활한 사기꾼의 공통점은 무엇일까요.

첫째, 성인이 사람의 마음을 감동시키듯이 사기꾼도 사람의 마음을 현혹합니다. 사람을 홀리는 기술이든 유혹하는 매력이든 어쨌든 마력이 있습니다.

둘째, 성인이 스스로를 성인이라고 의식하거나 내세우지 않듯이 사기꾼도 스스로를 사기꾼이라고 드러내지 않습니다. 성인이 스스로 성인이라고 자처한다면 성인이 아니듯이 사기꾼도 스스로 사기꾼이라도 떠벌리고 다닌다면 사기를 칠 수 없겠지요.

셋째, 성인이건 사기꾼이건 체득體得의 경지에 이른 사람입니다. 《범죄의 재구성》이라는 사기꾼에 관한 탁월한 영화가 있습니다. 그 가운데 제 가슴에 꽉 박힌 대사가 있습니다. "청진기 대면 바로 진단 나와."

그렇습니다. 이것저것 따져보지 않고서 청진기만 대면 곧바로 진단 나와야 합니다. 머리 굴려 생각하고 주판알 퉁기면서 계산한다면 사기꾼 되기에 한참 먼 것입니다. 사기꾼 가운데 최고 고수는 청진기 대면 진단 바로 나오는 체득의 경지에 이른 사람입니다. 하지만 성인이야말로 생각하거나 계산하지 않는 체득의 경지에 이른 사람이 아니었던가요.

성인이건 사기꾼이건 청진기 대면 진단이 나오는 체득의 경지에서 스스로 의식하지 않거나 타인이 의식하지 못하는 방식으로 사람에게 영향을 끼칩니다. 그렇다면 차이점은 무엇일까요? 공자의 말을 빌려보지요.

> 덕을 가진 사람은 반드시 말이 있지만, 말이 있는 사람이라고 해서 반드시 덕이 있는 사람은 아니다.
> 有德者必有言, 有言者不必有德.(『논어』「헌문」)

덕과 말이 대비적으로 쓰였다는 것은 성인과 말재주가 뛰어난 사기꾼을 분간하기 힘들 정도로 둘 사이가 밀접한 관계를 가지고 있음을 반증합니다. 중요한 점은 '반드시'라고 표현한 부분입니다. 덕을 이룬 사람은 '반드시' 말이 있다는 것은 덕의 능력과 말의 효과가 모순되는 것은 아니라는 점을 말하는 것이며, 현실에 영향을 미치는 말의 효과가 없는 사람은 덕의 능력도 완전하지 못하다는 뜻이 아닐까요?

귀곡자는 도덕적 신념과는 다른 정치 기술로서 수사 능력과 전략적 주도권을 말합니다. 이 점을 다시 공자의 말에 담긴 논리로 패러디해보지요.

"도덕적 신념을 가진 사람은 반드시 수사 능력과 전략 주도권을 가지고 행동하지만, 수사 능력과 전략 주도권을 가지고 행동하는 사람이라고 해서 반드시 도덕적 신념을 가진 사람은 아니다."

그렇다면 반드시 수사 능력과 전략 주도권을 가지고 현실에 효과를 미쳐야 도덕적 신념이 완성되는 것은 아닐까요? 그러나 지적해야 할 점은, 덕이 있는 성인은 스스로 수사 능력과 전략 기술을 의식적으로 사용하지 않는다는 것입니다. 청진기만 대면 진단 나올 정도로 자연스러운 경지이어야 합니다. 이것저것 따지거나 의식적으로 수사 표현을 고려하고 전략을 세우려고 한다면 벌써 늦은 것이지요.

그러나 이것을 성인만이 가진 선천적인 능력이라고 할 수는 없습니다. 오랜 기간의 훈련을 통해 기술이 연마되는 과정을 거쳐 몸에 체득되는 능력입니다. 이러한 훈련을 통해서 청진기 대면 진단 바로 나오는 경지에 이르는 것입니다. 그럴 때 그런 기술은 스스로 의식하는 단절이 없이 즉각적이며 자연스럽게 표출됩니다.

무술에는 품새가 있습니다. 품새란 규정된 동작의 기술 형식이지요. 그러나 무술의 고수는 실전에서 품새를 의식하고 계산하면서 품새대로 싸우지 않습니다. 하지만 품새를 몸에 익히는 시간의 과정을 거치지 않고서는 현실에서 무술의 고수가 될 수가 없습니다.

음모의 문제도 마찬가지입니다. 음모는 분명 아무도 모르게 한다는 의미이지만, 귀곡자에게 음모란 아무도 모르게 속이려는 것이 아니라 '어떤 장치를 통해 어떤 효과를 상대가 모르는 상태에서 발현되도록 만드는 메커니즘'에 가깝습니다.

이것이 가능한 이유는 상대의 조건과 현실의 형세를 이용하기 때문입니다. 그것은 현실의 조건에 따라 합당하고 적절한 방식으로 행위 하는 것이기도 합니다. 유학자는 이 현실의 조건에 따르는 방식을 오히려 현실을 이용한 기회주의적이고 현실 추수적인 기만 행위라고 비판합니다.

또한 합당하고 적절한 방식이 효과적인 측면에서 기준점이 될 수 있지만 도덕적인 측면에서 기준점이 되지 못할 수도 있습니다. 사기꾼도 현실에 합당하고 적절한 방식으로 행동할 수 있으니까요. 그러나 '합당'이란 말은 마땅한 올바름에 합치한다는 의미이기도 하고 동시에 현실적으로 감당할 수 있다는 의미이기도 합니다. 현실적으로 감당하지 못할 때 그것은 강제적 압박이 아닐까요.

도덕 이념만을 가졌다고 해서 도덕적이라고 판단할 수는 없습니다. 도덕 이념만을 집착하며 현실 조건을 무시하고 감당하지 못할 것을 강제하는 행위를 도덕적이라고 말할 수는 없기 때문입니다. 그런 점에서 도덕 이념이란 현실 조건을 무시하고 현실 밖에서 외부적으로 강제하는 것이 아니라 현실 조건 속에 잠재된 가장 합당하고 적절한 방식으로 드러날 수 있는 지향점과 같습니다. 이런 측면을 다시 공자의 말로 패러디해보지요.

"도덕 이념은 반드시 현실 조건 속에서 드러나지만, 현실 조건 속에서 드러나는 것이라고 해서 반드시 도덕 이념은 아니다."

현실 조건 속에서 드러나지 않는다면 그것은 도덕 이념이 될 수 없습니다. 결과적으로 문제는 현실 인식일 수 있습니다. '현실'現實이라는 글자의 한자가 지닌 의미는 어쩌면 '실實을 드러내는 것(現)'이 아닐까요. 가짜기 아니라 진짜인 '진실'(實)이 드러나게 하는 것입니다. 도덕 이념은 현실에 잠재된 미세한 결이고 그 미세한 결을 드러내 하나의 세력으로 만드는 일은 정치 기술을 필요로 합니다. 그 정치 기술을 합당하고 적절한 방식이라고 할 수 있습니다.

필자는 정치인에게 『귀곡자』를 읽어보라고 권하고 싶지는 않습니다. 『귀곡자』를 읽는다고 해서 반드시 도덕적인 정치를 할 것이라고 생각되지는 않기 때문입니다. 오히려 시를 읽어보라고 권하고 싶습니다. 시적인 기술은 인간의 깊은 마음을 감동시키는 최고의 기술이기 때문입니다.

시라는 수사 기술은 단지 문학적 기술만은 아닙니다. 현실을 새롭게 인식하게 하는 동시에 현실을 창조하기도 합니다. 사회 활동가였던 제이슨 델 간디오는 『다른 세상은 가능하다』에서 혁명을 꿈꾸고 사회 변혁을 원하는 급진주의자에게 수사를 공부하라고 권하더군요.

그는 수사를 노동으로 규정합니다. 물질세계의 변혁을 위해 노동이 필요하듯이 비물질적인 세계를 변혁하기 위해서도 노동이 필요하다고 역설합니다. 그런 의미에서 수사란 현실을 변혁하기 위한 노동입니다. 이 노동을 통해 세상은 새롭게 창조됩니다.

그러나 수사는 단순한 노동이 아니라 인내와 전략이 필요한 섬세한 노동입니다. 현실을 고려하고 오랜 시간의 누적 과정을 거쳐서 젓갈을 곰삭히는 듯한 절제의 노력이 필요한 노동입니다. 수사적 노동은 그래서 인간에 대한 믿음을 전제로 합니다. 마르크스가 "만국의 노동자여, 단결하라!"라고 외쳤듯이, 제이슨 델 간디오는 이렇게 선언합니다. "만국의 수사가여, 단결하라!"

필자는 이 책을 쓰면서 주로 쉬푸홍許富宏이 쓴 『귀곡자연구』鬼谷子研究(상해고적출판사上海古籍出版社, 2008)와 『귀곡자집교집주』鬼谷子集校集注(중화서국中華書局, 2008), 정제원鄭杰文이 쓴 『귀곡자의 인생지혜』鬼

谷子人生知慧(청화대학출판사清華大學出版社, 2008)라는 연구 성과를 참조했습니다. 그리고 『귀곡자사종』鬼谷子四種을 참고했습니다.

이 책과 관련하여 감사드리고 싶은 사람이 있습니다. 먼저 돌베개 인문고전팀 조성웅 선생입니다. 이 글이 나오기까지 적절한 때에 자료를 찾아주고 글의 전체 구성과 내용에 대해 조언과 쓴소리를 아끼지 않았던 점에 대해 감사드리고 싶습니다.

또 한 사람은 김유석 박사입니다. 그는 프랑스에서 플라톤을 전공한 그리스 고전 철학 전공자인 소장학자입니다. 그는 그리스 수사학에 대해서 여러 가지 질문을 했을 때 질문 이외의 정보까지 귀찮아하지 않고 세세하게 알려주었습니다.

더불어 지도교수 곽신환 교수님께도 감사드리고 싶습니다. 자주 찾아뵙지 못해 항시 죄송스러울 뿐입니다. 성신여자대학교 『성리대전』 번역팀 여러분께도 감사드리고 싶습니다. 윤용남 회장님 이하, 김재열 선생님, 이충구 선생님, 윤원현 선생님, 이철승 선생님, 추기연 선생님과 일주일에 두 번씩 모여 열띠게 토론하는 세미나를 통해 많은 배움을 얻을 수 있었습니다. 난해한 『성리대전』의 완역을 성공리에 마칠 수 있기를 기원합니다.

아버지, 어머니, 형님과 형수님 그리고 장인어른, 장모님께 감사드립니다. 모든 시름을 잊고 건강하시기를. 그리고 자신의 꿈과 일을 모두 내려놓고 딸 은호를 아무런 탈도 없이 예쁘게 길러준 아내 김영선에게 감사합니다. 일한답시고 집안일에 무관심했던 저를 이해해주고 격려해준 덕택에 이렇게 무사히 책 한 권을 마칠 수 있었습니다. 저에게는 무척 쑥스러운 일이지만 딸 은호와 아내에게 사랑한다는 말을 전하고 싶습니다.

부록

원문과 해석

일러두기

_ 단락의 구성과 표점은 쉬푸훙許富宏의 『귀곡자집교집주』鬼谷子集校集注(중화서국中華書局, 2008)를 저본으로 하되, 『귀곡자사종』鬼谷子四種을 참조했으며 번역 과정에서 옮긴이가 재조정한 부분도 있다.

_ 오자나 탈자 등에 관한 주석가의 견해는 표시하지 않았지만 주로 쉬푸훙의 책에 근거해 바로잡았다.

_ 이 책에서 주로 다루는 1편 「패합」에서 11편 「결」까지만 번역했다.

1장 열림과 닫힘 (捭闔)

옛날의 역사를 상고해볼 때 성인은 천지 사이에서 모든 사람들보다 앞서 미래를 예측하는 선각자였다. 성인은 감추어진 측면(陰)과 드러난 측면(陽)이 열리고 닫히는 것을 보고 사물과 상황을 규정해서 존망存亡의 관건을 간파하며, 다양한 종류의 일의 시작과 끝을 계산하고 인간 심리의 이치를 통달해 변화의 징후를 보고 그 관건을 지켜 대응한다. 그래서 성인이 세상을 대처할 때 옛날부터 지금까지 그 도道는 동일했다.

그래서 겉으로 드러난 행적은 변화가 무궁하지만 각각의 귀결처가 있다. 어떤 때는 아무도 모르게 하고 어떤 때는 모두 다 알도록 공개적으로 하며, 어떤 때는 부드럽게 행동하고 어떤 때는 강직하게 행동하며, 어떤 때는 마음을 열어 보이지만 어떤 때는 감추며, 어떤 때는 여유롭지만 어떤 때는 긴장한다. 그러므로 성인은 그 관건을 온전하게 지켜 대응하되, 먼저 해야 할 것과 나중에 해야 할 것을 살펴 관찰하고, 상대의 전략을 헤아리고 재능을 저울질하며 기교의 장점과 단점을 비교한다.

어진 사람과 불초한 사람, 지혜로운 사람과 어리석은 사람, 용맹한 사람과 나약한 사람 등 사람마다 장단점의 차이가 있다. 그래서 그 차이에 따라서 대응할 때에 어떤 이에게는 마음을 열어 보이는 것이 좋고 어떤 이에게는 마음을 닫는 것이 좋으며, 어떤 이는 받아들이는 것이 좋고 어떤 이는 물리치는 것이 좋으며, 어떤 이는 천시하는 것이 좋고 어떤 이는 귀하게 대우하는 것이 좋지만, 모두에게 의도를 들키지 않으면서 상대의 내심을 엿본다. 그래서 상대의 뛰어남과 모자람 및 장점과 허점을 살펴서 판단하고, 상대의 기호와 욕망에 근거해 의지와 의도를 엿본다. 상대가 말한 바의 입장과는 다른 척 비난하면서 반대의 입장을 취해 상대의 진실한 의도를 구하고 그 의도의 지향을 얻는 것을 중요시 한다. 그런 후에 다시 마음을 닫아걸고 상대가 마음을 열어 말을 하게 해서 그가 말한 바의 이로운 점이 무엇인지를 구한다.

어떤 때는 마음을 열어 자신의 입장을 분명하게 보여주고 어떤 때는 마음을 닫아서 자신의 속내를 드러내지 않는다. 열어서 보여주는 것은 상대의 진정에 동의한다는 것이고, 닫아서 드러내지 않는 것은 상대의 진실과 달리한다는 것이다. 함께 일해도 좋은지 아닌지를 알기 위해서는 반드시 상대의 계획과 전략을 명백하게 살펴서 자신과의 다른 점과 같은 점을 탐색한다. 상대와 차이가 나서 결별하건 동일해 합치하건 어떤 경우에도 자신의 원칙은 지키되, 먼저 상대의 의도에 따르는 척하면서 대응하고 때에 따라 움직인다. 그렇기 때문에 마음을 열려 하면 주도면밀함이 중요하고, 마음을 닫으려 하면 은밀함이 중요하다. 주도면밀함과 은밀함은 모두 상대가 눈치 채지 못하게 하는 모호함이 중요하니, 이러한 점이 도道와 서로 통한다.

마음을 연다는 것은 상대의 진정을 판단하려는 것이고, 닫는다는 것은 상대의 진실한 의지를 단속해 장악하려는 것이다. 이는 모두 상대가 일을 처리할 때 경중을 저울질하는 모습을 보고 전략의 기준을 확정하려는 것이다. 성인은 이것에 근거해 사려한다. 전략의 기준이 잘못되고 상황에 적합하지 않으면 성인은 그것에 따라서 스스로 반성한다.

마음을 연다는 것은 어떤 경우에는 마음을 열더라도 상대의 의견을 거부하기도 하고 어떤 경우에는 열어서 받아들인다는 것이다. 마음을 닫는다는 것은 어떤 경우는 닫아걸더라도 상대의 입장을 취하기도 하고 어떤 경우는 닫아걸고 거부한다는 것이다. 열림과 닫힘은 천지天地의 도이기도 하다. 천지의 열림과 닫힘은 음과 양을 변화시키고 추동시켜 사계절이 열리고 닫히게 해서 만물을 변화시킨다. 그래서 종횡으로 변화하고 반대로 나타나고 반대로 뒤집혀 드러나고 반대로 거스르는 것이 모두 이 열림과 닫힘으로부터 생겨난다.

열림과 닫힘은 도의 위대한 변화이고 유세술의 변화이니 반드시 그 변화를 미리 상세하게 살펴야 한다. 길함과 흉함의 거대한 운명이 여기에 달려 있다. 입은 마음이 드나드는 문이며 마음은 영혼(神)이 깃드는 곳이다. 의지와 의도, 기쁨과 욕망, 생각과 사려, 지혜와 전략이 모두 이 문으로 출입한다. 그래서 열고 닫는 것으로 관리해야 하니 출입을 제어해야 한다.

연다는 것은 정보를 개방하는 것이고, 말하는 것이고, 공개적으로 드러내는 것이다. 닫는다는 것은 정보를 은폐하는 것이며, 침묵하는 것이며, 아무도 모르게 감추는 것이다. 열고 닫는 것에는 절도가 있어서 조화를 이루어야 하고 선후에 합당한 조리가 있어야 한다. 그래서 장생·안락·부귀·영예·명성·애호·재물·득의·욕망을 말하는 것은 공개적으로 드러내는 양陽적인 것으로 이것을 시작이라고 한다. 죽음·근심·빈천·고통·오욕·손해·망실·실의·

해로움·형륙·주벌을 말하는 것은 안으로 감추는 음陰적인 것으로 이것을 끝이라고 한다. 양적인 방식을 따라 말하는 것을 모두 시작이라고 하는데 긍정적인 것을 말하면서 그 일을 시작한다. 음적인 방식을 따라 말하는 것을 모두 끝이라고 하는데 부정적인 것을 말하면서 모략을 쓰는 것으로 끝을 맺는다.

그러나 열림과 닫힘의 기술, 즉 패합술은 음의 측면과 양의 측면 모두에서 시행해야 한다. 그래서 양의 방식으로 말하는 사람과 말할 때는 고상하다고 칭찬하면서 상대를 유도하고, 음의 방식으로 말하는 사람과 말을 할 때는 소심하다고 비하하면서 유도한다. 비하시켜서 소심한 마음을 열게 하고 칭찬해주어서 마음을 크게 열게 만든다. 이런 방식으로 말하면 떠나지 못할 곳도 없고 들어가지 못할 곳도 없으며, 설득하지 못할 사람도 없다. 개인을 설득할 수도 있고 집안을 설득할 수도 있으며 나라를 설득할 수도 있고 천하도 설득할 수 있다. 어떠한 작은 일도 해낼 수 있고 아무리 큰일도 처리할 수 있다. 손해와 이익, 떠남과 접근, 배반과 복귀는 모두 드러내고 감추는 음양陰陽의 원리로 그 일을 제어할 수 있다.

양은 움직여 행동하고 음은 멈추어 숨으며, 양은 움직여 나오고 음은 숨어서 들어간다. 양이 발전해 끝에 이르면 다시 시작으로 돌아가 음으로 되고, 음이 누적되어 극에 이르면 양으로 전환된다. 양의 방식으로 행위 하는 자는 덕德이 함께 발생하며, 음의 방식으로 냉정을 유지하는 자는 상대의 마음을 겉으로 드러나게 해서 서로 이루게 한다. 그래서 양의 방식으로 음을 구하는 것은 덕으로 포용하려는 것이고, 음의 방식으로 양과 결합하려는 것은 힘으로 압박해 시행하는 것이다. 음과 양이 서로 구하는 것은 열림과 닫힘의 기술에 달려 있다. 이것이 천지 음양의 도이며 사람을 설득시키

는 방법이다. 이것이 모든 일을 처리하는 최우선 조건으로 이것을
천지의 문이라고 한다.

　　粵若稽古, 聖人之在天地間也, 爲衆生之先. 觀陰陽之開闔以名命物, 知存亡之門戶, 籌策萬類之終始, 達人心之理, 見變化之朕焉, 而守司其門戶. 故聖人之在天下也, 自古至今, 其道一也.
　　變化無窮, 各有所歸. 或陰或陽, 或柔或剛, 或開或閉, 或弛或張. 是故聖人一守司其門戶, 審察其所先後, 度權量能, 校其伎巧短長.
　　夫賢不肖・智愚・勇怯有差. 乃可捭, 乃可闔, 乃可進, 乃可退, 乃可賤, 乃可貴, 無爲以牧之. 審定有無與其實虛, 隨其嗜欲以見其志意. 微排其所言而捭反之, 以求其實, 貴得其指. 闔而捭之, 以求其利.
　　或開而示之, 或闔而閉之. 開而示之者, 同其情也, 闔而閉之者, 異其誠也. 可與不可, 審明其計謀, 以原其同異. 離合有守, 先從其志. 卽欲捭之貴周, 卽欲闔之貴密. 周密之貴微, 而與道相追.
　　捭之者, 料其情也, 闔之者, 結其誠也. 皆見其權衡輕重, 乃爲之度數. 聖人因而爲之慮. 其不中權衡度數, 聖人因而自爲之慮.
　　故捭者, 或捭而出之, 或捭而納之. 闔者, 或闔而取之, 或闔而去之. 捭闔者, 天地之道. 捭闔者, 以變動陰陽, 四時開閉, 以化萬物. 縱橫反出・反覆反忤, 必由此矣.
　　捭闔者, 道之大化, 說之變也, 必豫審其變化. 吉凶大命繫焉. 口者, 心之門戶也, 心者, 神之主也. 志意・喜欲・思慮・智謀, 此皆由門戶出入. 故關之捭闔, 制之以出入.
　　捭之者, 開也, 言也, 陽也. 闔之者, 閉也, 默也, 陰也. 陰陽其和, 終始其義. 故言長生・安樂・富貴・尊榮・顯名・愛好・財利・得意・喜欲, 爲

陽，曰始．故言死亡・憂患・貧賤・苦辱・棄損・亡利・失意・有害・刑戮・誅罰，為陰，曰終．諸言法陽之類者，皆曰始，言善以始其事．諸言法陰之類，皆曰終，言惡以終其謀．

捭闔之道，以陰陽試之．故與陽言者，依崇高，與陰言者，依卑小．以下求小，以高求大．由此言之，無所不出，無所不入，無所不可．可以說人，可以說家，可以說國，可以說天下．為小無內，為大無外．益損・去就・倍反，皆以陰陽御其事．

陽動而行，陰止而藏，陽動而出，陰隱而入．陽還終陰，陰極反陽．以陽動者，德相生也，以陰靜者，形相成也．以陽求陰，苞以德也，以陰結陽，施以力也．陰陽相求，由捭闔也．此天地陰陽之道，而說人之法也．為萬事之先，是謂圓方之門戶．

2장 반문해서 반응하게 함(反應)

　　옛날에 사람의 마음에 위대한 영향력을 미쳤던 사람들은 고정된 집착 없이 모두 도를 따랐다. 그래서 그들은 거슬러 올라가 지나간 것을 보고 다시 뒤집어 앞으로 다가올 것을 증험해낼 수 있었고, 거슬러 올라가 과거를 알고 다시 뒤집어 현재를 알 수도 있었으며, 돌아보아 타인에 대한 앎을 통해 다시 뒤집어 자신을 알 수가 있었다. 동요와 안정 그리고 허점과 장점의 이치가 현재와 부합하지 않으면 과거로 돌아가 그 원인을 구했다. 모든 일은 반대로 거슬러 뒤집어 파악하면 그것을 통해 감춰진 이면을 얻을 수 있으니 이것이 성인의 뜻이다. 그러므로 살피지 않을 수가 없다.

　　말하려 하는 것은 뭔가를 드러내고자 하는 충동이 있다는 것이고, 침묵하려는 것은 냉정을 유지하려는 것이다. 상대의 말을 바탕으로 해서 상대가 꾸민 언어 표현을 냉정히 들으면서 의도를 이해해야 한다. 그러나 그 말이 언어 표현과 모순되는 점이 있을 때, 거꾸로 반문해 반응을 구하면 반드시 그 의도가 드러나게 마련이다. 말은 상징으로 드러나고 상황의 맥락은 비유의 구조로 나타난다. 상징과 비유를 통해서 말하는 의도를 본다. 상징은 상황의 맥락을 상징화한 것이며, 비유란 꾸미는 말을 조합하는 것이다. 냉정한 침묵으로써 상대의 목소리로 드러나는 말 속에 담긴 의도를 찾는다. 이는 미끼로 말을 낚아서 그 말이 상황의 맥락과 부합되는지를 파악하는 것으로 상대의 진실한 의도를 낚는 방법이다. 마치 그물을 만들어 짐승을 잡을 때 짐승들이 자주 다니는 길에 그물을 많이 만들어 잡듯이, 반문과 질문을 통해서 그의 말이 실제 상황의 맥락과 부합하는지를 보면 상대는 자신도 모르게 진실한 의도를 드러내게 된다. 이것이 사람의 마음을 낚시질하는 그물이다.

항상 이런 그물을 가지고 상대를 몰아 장악한다. 그런데 상대방이 반응을 보이지 않고 말을 하지 않아 유추할 단서가 없다면, 즉시 말하는 방식을 바꾸어야 한다. 다른 상징을 통해 상대를 동요시켜 그 마음을 보이게 하고 진정을 드러나게 해 그에 따라서 그를 제압한다. 내가 반대로 가면 그는 도리어 반대로 반응해온다. 반응해온 상대의 말 속에는 상징과 비유가 담겨 있는데 그것을 바탕으로 해서 기초 전략을 정할 수 있다. 이를 계속해서 거듭 속내를 떠보며 반복하면, 어떠한 상황에서도 상대의 말을 통해서 진심을 파악할 수 있게 된다. 성인은 이러한 방법을 통해 어리석은 자이건 지혜로운 자이건 그들의 진심을 유도해내고 상대가 의심하지 않도록 만들면서도 일을 성공시킨다. 그러므로 반문해 상대의 말을 잘 경청하는 사람은 귀신과 같이 변화하면서 상대의 정보를 얻는다. 방법을 변화시켜 적절했다면 엿보는 일이 세밀하게 된다. 엿보는 것이 세밀하지 못했다면 정보를 분명하게 파악하지 못한다. 정보를 분명하게 파악하지 못했다면 전략의 기초를 정하는 데에 세밀하지 못하게 된다.

말할 때 상징과 비유의 방식을 바꾸었다면 반드시 반문하는 말을 통해서 다시 상대의 반응을 냉정하게 경청한다. 상대의 소리를 들으려면 자신은 도리어 냉정하게 침묵하고, 상대가 속내를 펼치도록 만들려면 자신은 도리어 안으로 수렴하며, 상대의 감정을 고조시키려면 자신은 도리어 침잠하고, 상대로부터 뭔가를 얻으려면 자신은 도리어 준다. 상대가 정보를 스스로 드러내게 하려면 상징적이고 비유적인 말을 먼저 해서 그의 언사를 유도해낸다. 소리가 동일하면 서로가 호응하고 이치가 일치하면 같은 곳으로 함께 귀결되기 때문이다.

어떤 경우에는 상대의 이런 말을 바탕으로 삼기도 하지만 어떤 경우에는 상대의 저런 말을 바탕으로 삼기도 하며, 어떤 때는 윗사람을 섬길 때 사용하기도 하지만 어떤 때는 아랫사람을 지배하는 데에 사용하기도 한다. 이것이 진실과 허위를 듣는 법이고, 같음과 다름을 아는 법이며, 진심과 거짓을 얻는 법이다. 모든 행동거지 그리고 말과 침묵을 통해서 내면의 정보가 드나들며 기쁨과 분노도 이로 말미암아 드러난다. 어떤 경우에도 상대의 정보를 먼저 알아 전략의 기초를 정하는 것을 지침으로 삼아야 한다. 먼저 저쪽 측면으로 반문해 상대의 이쪽 측면을 드러나게 해 상황적 맥락을 관찰했기 때문에 이러한 술수를 사용할 수가 있다. 상대의 꾸민 말을 듣고 그들이 한 일들을 살피며, 만물을 평가하고 상관된 짝을 구별하기 위해서는 먼저 자신의 마음을 가라앉히고 냉정을 유지해야 한다. 중대한 일이 아닐지라도 그 일에 담긴 사소한 징후를 보고 유사한 유형을 알아야 한다. 만약 사람을 탐구해 그 깊은 속내를 들여다보면서 그의 능력을 헤아리고 그의 의도를 적중하면 부절符節이 서로 호응하듯이 실수하지 않으니, 마치 뱀이 먹이를 공격하는 것과 같고 후예后羿*가 활을 쏘아 **백발백중**하는 것과 같다.

* 활을 잘 쏘기로 유명한 전설 속의 인물.

그러므로 사람을 아는 것은 자기를 아는 것으로부터 시작하니 스스로를 알고 난 후에 타인을 알 수 있다. 이러한 상호 관련된 앎은 비목어比目魚˙와 같고 그 앎이 드러나는 것은 마치 빛과 그림자의 관계와 같다. 그래서 타인의 말을 통찰할 때 실수하지 않는 것이 마치 자석이 철을 빨아 당기는 것과 같고 혓바닥으로 구운 고기를 맛보는 것과 같다. 그래서 사람과 관계할 때 모호한 태도를 취해 눈치 채지 못하게 하면서도 상대의 정보를 엿보는 데에는 신속하니, 마치 음이 양과 함께하고 양이 음과 함께하는 듯하고, 원이 네모와 함께하고 네모가 원과 함께하는 듯하다. 아직 뚜렷한 정보가 드러나기 전에는 원처럼 관대한 태도로 사람들을 유도하고, 드러나면 네모처럼 정확한 기준으로 그 일을 처리한다. 나아가건 물러나건, 어떤 일을 하든지 이런 방법으로 처리한다. 스스로 미리 적절한 판단과 결정을 내리지 못했다면 사람들을 다스릴 때 올바를 수가 없다. 일들을 정교하게 처리하지 못했다면 정보에 무지하고 도를 잃었다고 할 수 있다. 심사숙고해 미리 적절한 판단과 결정을 내리고 사람들을 다스리면, 상대에게 책략을 쓰면서도 겉으로 드러난 흔적이 없기 때문에 자신의 내밀한 곳을 아무도 볼 수가 없으니, 이것은 천신天神의 경지라 일컬을 수 있다.

古之大化者, 乃與無形俱生. 反以觀往, 覆以驗來, 反以知古, 覆以知今, 反以知彼, 覆以知己. 動靜虛實之理, 不合於今, 反古而求之, 事有反而得覆者, 聖人之意也, 不可不察.

˙ 전설적인 물고기로서 눈이 하나라서 두 마리가 나란히 붙어 헤엄친다. 떨어질 수 없는 관계를 말한다.

人言者, 動也, 己默者, 靜也. 因其言, 聽其辭. 言有不合者, 反而求之, 其應必出. 言有象, 事有比. 其有象比, 以觀其次. 象者象其事, 比者比其辭也. 以無形求有聲. 其釣語合事, 得人實也. 其張置網而取獸也, 多張其會而司之, 道合其事, 彼自出之. 此釣人之網也.

常持其網驅之. 其不言無比, 乃爲之變. 以象動之, 以報其心, 見其情, 隨而牧之. 己反往, 彼覆來. 言有象比, 因而定基. 重之襲之, 反之覆之, 萬事不失其辭. 聖人所誘愚智, 事皆不疑. 故善反聽者, 乃變鬼神以得其情. 其變當也, 而牧之審也. 牧之不審, 得情不明, 得情不明, 定基不審.

變象比, 必有反辭, 以還聽之. 欲聞其聲反默, 欲張反瞼, 欲高反下, 欲取反與. 欲開情者, 象而比之, 以牧其辭. 同聲相呼, 實理同歸.

或因此, 或因彼, 或以事上, 或以牧下. 此聽眞僞, 知同異, 得其情詐也. 動作言默, 與此出入, 喜怒由此以見其式. 皆以先定爲之法則. 以反求覆, 觀其所託, 故用此者. 己欲平靜, 以聽其辭, 察其事, 論萬物, 別雄雌. 雖非其事, 見微知類. 若探人而居其內, 量其能, 射其意也, 符應不失, 如螣蛇之所指, 若羿之引矢.

故知之始己, 自知而後知人也. 其相知也, 若比目之魚, 其見形也, 若光之與影也. 其察言也不失, 若磁石之取鍼, 如舌之取燔骨. 其與人也微, 其見情也疾, 如陰與陽, 如陽與陰, 如圓與方, 如方與圓. 未見形, 圓以道之, 旣形, 方以事之. 進退左右, 以是司之. 己不先定, 牧人不正. 事用不巧, 是謂忘情失道. 己先審定以牧人, 策而無形容, 莫見其門, 是謂天神.

3장 유세로 마음을 사로잡음 (內揵)

군주와 신하 상하의 관계에서 어떤 경우는 소원한 관계인 것 같은데 친밀하기도 하고, 어떤 경우는 친근한 관계인 것 같은데 소원하기도 하며, 또 어떤 경우에는 충정을 보였는데 도리어 등용하지 않기도 하고, 어떤 경우에는 떠나가려는데 도리어 붙잡고 구하기도 한다. 또 앞에서 매일 간언하는데도 받아들이지 않는 경우도 있지만 멀리서 명성을 듣고 군주가 그를 그리워하는 경우도 있다. 군주와 신하의 관계에는 마음으로 굳건하게 결합되는 정도의 차이가 있는데 이는 평소 상대의 조건을 바탕 삼아 교제한 것에 뿌리를 두고 있다. 어떤 경우는 도와 덕으로 결합하고, 어떤 경우는 동지적 친구 관계로 결합하고, 어떤 경우는 재물로 결합하고, 어떤 경우는 아첨하는 안색으로 결합한다. 먼저 상대의 의도를 파악해 역이용한다. 상대가 들이고 싶어 하면 먼저 들어가고, 내치고 싶어 하면 먼저 나가며, 친해지고 싶어 하면 먼저 친해지고, 소원해지고 싶어 하면 먼저 소원해지며, 가까워지고 싶어 하면 먼저 가까이하고, 떠나보내고 싶어 하면 먼저 떠나며, 구하려 하면 먼저 구하고, 그리워하게 만들고 싶다면 먼저 그리워한다. 이는 마치 땅거미가 그의 자식의 뜻을 따르는 것과 같다. 그래서 상대와 결별할 때도 마음이 틀어지는 원한이 없고, 친해질 때도 의심의 흔적이 없으니 자유롭게 혼자 떠났다가 혼자 다가와도 아무도 그것을 막지 못한다.

'내'內란 군주에게 유세를 진헌하는 것이고, '건'揵은 자신의 전략을 군주의 마음에 들도록 사로잡는 것이다. 유세하려는 자는 반드시 은밀하게 상대의 심중을 헤아리도록 힘쓰고, 계획을 도모하려는 자는 상대의 심중을 거스르지 않도록 마음의 이치에 따른다. 그와 정치를 함께할 수 있는 가능성 여부를 은밀하게 사려해보고, 자신의 전략적 득실을 분명하게 밝혀서 상대의 의지를 제어한다. 자신의 전략은 반드시 현실 상황의 합당함에 적절해야 하고 군주의 마음에도 부합해야 한다. 먼저 상세하고 주도면밀한 전략을 계획한 후에 군주에게 가서 대응하면 어떤 상황이든 감당하지 못할 것이 없다.

전략을 유세하는 방식이 조금이라도 군주의 마음에 부합하지 않는다면 그 전략은 시행될 수가 없다. 그렇다면 다시 상황에 합당한 것이 무엇인지를 헤아리고 그것에 따라서 전략을 바꾸어 그 상황에 적합한 변화 방식을 마련한다. 방식을 바꾸어 군주의 신임을 얻는 것은 마치 열쇠를 걸어 잠그는 것과 같다. 그러나 군주와 지나간 일을 말할 때는 기왕지사이므로 긍정적인 태도로 말하고, 앞으로 다가올 일을 말할 때는 암시적으로 변통의 여지가 많다는 점을 강조한다. 가장 잘 변통하는 사람은 현실의 형세를 면밀하게 살펴서 천명天命에 통하며, 자연의 순서에 영향력을 미쳐서 귀신을 부리는 것처럼 상황의 변화에 대한 대응 능력이 뛰어나며, 음양의 변화 규칙에 합치해 사람들을 장악하고 다스린다. 그리고 상대가 도모하는 일을 보고 그의 의지와 의도를 알아야 한다. 그런데도 상대에게 부합하지 않는 것이 있다면 그것은 뭔가를 알지 못했기 때문이다. 적합한 것 같은데 마음이 견고하게 결속하지 못했다면 겉으로는 친한 듯하지만 속으로는 동의하지 않는 것이다. 이럴 때 뜻이 합치되지 않았다면 성인은 그와 함께 어떤 일도 도모하지 않는다.

그래서 멀리 있는데도 친한 경우는 보이지 않게 영향력을 미치는 능력이 있는 것이고, 가까운데도 소원한 경우는 뜻이 합치되지 않았기 때문이다. 충정을 보였는데 등용하지 않는 경우는 전략이 효과적이지 못해 받아들여지지 않았기 때문이고, 떠나려는데 도리어 구하는 경우는 결과적으로 그의 전략이 옳다고 증명되었기 때문이다. 매일 군주 앞에 간언했는데도 군주가 받아들이지 않은 경우는 조치한 전략이 군주의 마음에 부합하지 않기 때문이고, 멀리서 소문을 듣고도 서로 그리워하는 경우는 도모하는 전략이 적합해 결단해오기만을 기다리기 때문이다. 그래서 상대가 어떤 부류의 사람인지를 판단하지 않고 그와 전략을 함께 도모하려는 사람은 저항에 부딪힐 것이고, 상대의 진실한 의도를 얻지 않고 유세하려는 사람은 비난을 당할 것이다. 상대의 진짜 의도와 정보를 얻었을 때 상대의 전략을 자유자재로 제어할 수 있다. 이 정보를 이용해 나아갈 수도 있고 들어갈 수도 있으며 마음을 닫을 수도 있고 열 수도 있다. 그래서 성인이 일을 도모할 때는 이러한 방법으로 미리 정보를 장악하고 앞일을 예견해서 만물을 제압한다.

도道와 덕德, 인仁과 의義, 예禮와 악樂, 충심(忠)과 신뢰(信), 계획(計)과 전략(謀)을 따라서 행하되, 먼저 『시경』詩經과 『서경』書經의 가르침을 취해 현실 상황과 비교하고 분석해 첨가하거나 빼면서 유세하고 자신의 거취를 논의한다. 군주에게 협력하고자 하면 신임을 얻을 수 있는 방법으로 마음을 얻고, 군주에게서 떠나고자 하면 신임을 버리게 하는 방법으로 외면한다. 마음을 얻으려 하건 외면하려 하건 모두 반드시 도의 이치를 알아야 한다. 앞으로 일어날 일을 헤아려 전략을 만드는 예측 능력과 의심스러운 것들을 해소해 결정을 내리는 결단력이 필요하다. 그러면 전략을 세워서 계획에 실수가 없을 것이고 공을 세우고 능력을 이룰 것이다.

군신의 명분名分이 세워지고 나라의 산업이 발전하는 것을 책사의 전략이 군주의 마음에 부합해 결합되었다고 한다. 지배자가 어리석어 다스리지 못하고 아랫사람이 장난치는데도 깨닫지 못하면 전략을 진언해도 도리어 받아들이지 않는다. 군주가 스스로 현명하다고 자만하고 간언을 받아들이지 않는다면 먼저 그를 칭찬하는 말로 띄워주어 환심을 산다. 만약 자신을 초빙하는 명이 있으면, 먼저 상대의 의도를 받아들이면서 군주를 제압해 뜻을 실행하고, 그를 감당할 수 없어서 떠나려 하면 자신을 위태로운 사람이라고 군주가 생각하도록 궤변을 늘어놓는다. 둥근 고리가 땅을 굴러가듯이 상대와 상황에 따라 변화해 자신이 행하는 바를 알지 못하게 하되, 어떻게 해야 할 바를 모를 때는 물러나는 것이 최고의 방법이다.

君臣上下之事, 有遠而親, 近而疏, 就之不用, 去之反求. 日進前而不御, 遙聞聲而相思. 事皆有內揵, 素結本始. 或結以道德, 或結以黨友, 或結以財貨, 或結以采色. 用其意, 欲入則入, 欲出則出, 欲親則親, 欲疏則疏, 欲就則就, 欲去則去, 欲求則求, 欲思則思. 若蚨母之從其子也. 出無間, 入無朕. 獨往獨來, 莫之能止.

內者, 進說辭, 揵者, 揵所謀也. 欲說者, 務隱度, 計事者, 務循順. 陰慮可否, 明言得失, 以御其志. 方來應時, 以合其謀. 詳思來揵, 往應時當也.

夫內有不合者,不可施行也.乃揣切時宜,從便所爲,以求其變.以變求內者,若管取揵.言往者,先順辭也.說來者,以變言也.善變者,審知地勢,乃通於天,以化四時,使鬼神,合于陰陽,而牧人民.見其謀事,知其志意.事有不合者,有所未知也.合而不結者,陽親而陰疏也.事有不合者,聖人不爲謀也.

故遠而親者,有陰德也,近而疏者,志不合也.就而不用者,策不得也,去而反求者,事中來也.日進前而不御者,施不合也,遙聞聲而相思者,合於謀以待決事也.故曰不見其類而爲之者,見逆,不得其情而說之者,見非.得其情,乃制其術.此用可出可入,可揵可開.故聖人立事,以此先知而揵萬物.

由夫道德·仁義·禮樂·忠信·計謀,先取詩書,混說損益,議去論就.欲合者用內,欲去者用外.外內者,必明道數.揣策來事,見疑決之.策而無失計,立功建德.

治名入產業,曰揵而內合.上暗不治,下亂不寤,揵而反之.內自得而外不留,說而飛之.若命自來,己迎而御之,若欲去之,因危與之,環轉因化,莫知所爲,退爲大儀.

4장 틈새의 봉합(抵巇)

모든 사물에는 저절로 그러한 내적 원리가 있고 어떤 일이든 통합되고 분열되는 때가 있다. 이를 가까이서 볼 수 없지만 멀리서는 잘 알 수 있다. 가까운데도 볼 수 없는 이유는 그 말을 잘 살피지 못하기 때문이고, 멀리서는 잘 알 수 있는 이유는 지나간 일을 거슬러 올라가 반성해 다가올 일에서 증험해내기 때문이다. 틈새(巇)란 빈틈이고 빈틈은 간극이다. 간극은 큰 구멍을 만든다. 틈새가 생기기 전에는 미세한 징후가 있다. 이 징후가 내부에서 생겼다면 봉합해서 막을 수 있고, 외부로부터 온 것이라면 봉합해 물리쳐야 하고, 아래로부터 생겨난 것이라면 봉합해 자라지 못하게 하고, 아직 맹아 단계라면 봉합해 은폐시켜버리고, 이미 커져서 다스릴 수가 없다면 새로운 것으로 대체한다. 이것이 틈새를 봉합하는 이치이다.

상황의 위험을 알리는 징후를 성인은 미리 알고 독자적으로 전략을 세워 현명하고 적절한 행동으로 자신을 보존한다. 상황의 변화에 따라서 모든 일을 설명하고 계획과 전략을 충분하게 마련해서 미세하고 모호한 징후를 파악해 예방한다. 모든 일은 처음에는 털끝만 한 징후로부터 일어나지만 태산의 뿌리까지 뒤흔들 정도로 발전한다. 바깥의 혼란에 대응할 때 미세한 징후를 봉합하는 새로운 전략은 모두 틈새를 봉합하는 것으로부터 비롯된다. 틈새를 봉합하는 것이 바로 도의 술수이다.

    천하가 분열되고 위로 현명한 군주가 없으며 제후에게 도와 덕이 없다면 소인이 현자를 해치는 도적이 된다. 그래서 현자가 등용되지 못하고 성인은 은둔해 숨으며, 이익을 탐하고 거짓을 행하는 자가 일어난다. 그래서 군주와 신하가 서로 의심해 나라는 붕괴되어 와해되고 서로 공격하며 싸우고, 아버지와 아들은 서로 갈라져서 배반하고 반란이 일어나 서로 반목한다. 이것을 조짐이 싹트고 틈새가 갈라진다고 한다. 성인은 조짐이 싹트고 틈새가 벌어지는 것을 보면 법칙에 근거해 봉합한다. 세상이 다스릴 만하다면 봉합해 틈새를 막고, 다스려질 수 없다면 새로운 세상을 세운다. 어떤 때는 이런 방법으로 봉합하고, 어떤 때는 저런 방법으로 봉합하고, 어떤 때는 봉합해 질서를 되찾게 하고, 어떤 때는 세상을 전복해 새로운 세상을 만든다. 오제의 정치는 봉합해 틈새를 막았고, 삼왕의 정치는 새로운 세상을 이루었다. 제후끼리 서로 다투는 일은 이루 말할 수 없을 정도로 많이 일어난다. 이러한 때에 틈새를 봉합할 수 있는 능력이 가장 중요하다.

    천지가 개벽한 이후로 모든 사물의 변화 과정에는 반드시 틈새가 있었으니 살피지 않을 수 없다. 열고 닫는 패합의 기술로 틈새를 살피고 틈새를 봉합하는 방법을 활용할 수 있다면 성인이다. 성인은 천지의 관리官吏이다. 세상에 봉합할 만한 일이 없다면 깊숙이 은둔해 때를 기다리고 상황의 변화에 봉합할 만한 틈새가 생기면 세상 사람을 위해 전략을 세우고 일을 도모한다. 이러한 방법은 위로 군주와 연대할 수도 있고, 아래로 백성을 다스릴 수도 있다. 이렇게 상황의 변화에 따라 모든 일을 대처할 수 있으니 천지를 지키는 영혼(神)이 된다.

物有自然, 事有合離. 有近而不可見, 遠而可知. 近而不可見者, 不察其辭也, 遠而可知者, 反往以驗來也. 巇者, 罅也, 罅者, 㵎也. 㵎者, 成大隙也. 巇始有朕. 可抵而塞, 可抵而卻, 可抵而息, 可抵而匿, 可抵而得. 此謂抵巇之理也.

事之危也, 聖人知之, 獨保其身. 因化說事, 通達計謀, 以識細微. 經起秋毫之末, 揮之於太山之本. 其施外, 兆萌牙孼之謀, 皆由抵巇. 抵巇之隙, 爲道術用.

天下分錯, 上無明主, 公侯無道德, 則小人讒賊. 賢人不用, 聖人竄匿, 貪利詐僞者作. 君臣相惑, 土崩瓦解, 而相伐射, 父子離散, 乖亂反目. 是謂萌牙巇罅. 聖人見萌牙巇罅, 則抵之以法. 世可以治則抵而塞之, 不可治則抵而得之. 或抵如此, 或抵如彼, 或抵反之, 或抵覆之. 五帝之政, 抵而塞之, 三王之事, 抵而得之. 諸侯相抵, 不可勝數. 當此之時, 能抵爲右.

自天地之合離終始, 必有巇隙, 不可不察也. 察之以捭闔, 能用此道, 聖人也. 聖人者, 天地之使也. 世無可抵, 則深隱而待時, 時有可抵, 則爲之謀. 此道可以上合, 可以檢下. 能因能循, 爲天地守神.

5장 칭찬해 옭아맴(飛箝)

　상대의 전략을 측정하고 능력을 헤아리는 일은 먼 곳에 있는 사람을 부르고 가까운 곳에 있는 사람을 오게 만들기 위함이다. 세력을 세우고 일을 제어하기 위해서는 먼저 상대와 같은 점과 다른 점을 살피고, 시비是非의 말을 구별하며, 속내와 겉으로 표현된 말의 차이를 보고, 술수의 능력 여부를 알고, 상대의 전략이 나라를 안정하게 할지 위험하게 할지를 결정하고, 친해야 할지 멀리해야 할지에 대한 일을 판단한다. 그런 다음에야 상대의 경중輕重과 장단長短을 헤아릴 수 있다. 그래서 상대가 바로잡을 수 있는 능력을 가진 사람이라면 부를 수 있고 초빙할 수 있고 등용할 수가 있다.

　낚시질로 유혹하고 재갈로 압박하는 말로 칭찬하면서 띄워주어 옭아맨다. 유혹하고 압박하는 말은 수사적 표현으로 유세를 할 때 마음을 열어 동의하거나 닫아걸고 차이를 드러내어 상대의 정보를 얻어내는 것이다. 그러나 이런 방식으로 마음이 잘 동요되지 않는 사람이라면 먼저 좋은 말로 상대를 부른 다음에 거듭해서 높이 띄워주거나, 먼저 거듭해서 칭찬한 후에 헐뜯고 욕하면서 압박한다. 어떤 경우는 거듭해서 높이 띄워주었다가 헐뜯고 욕할 수도 있고 어떤 경우는 헐뜯고 욕한 다음에 거듭 띄워주기도 한다. 그를 회유하고 압박해 걸려들게 만드는 방법은 재물이나 옥, 구슬, 비단, 미인으로 그를 대우해주는 것이다. 어떤 경우는 상대의 재능을 평가해주고 그의 위엄을 세워주어서 정보를 낚시질하는 방법도 있고, 어떤 경우는 상대의 행동거지와 말을 염탐해 어떤 허점이 있을 때 그를 옭아매는 경우도 있다. 이러한 방법은 모두 틈새를 봉합하는 방식을 써서 행한다.

이러한 술수를 천하에 써서 군주를 보좌하려 하면, 반드시 먼저 군주의 권력 관계와 전략이 어떠한지를 평가하고 그의 능력을 헤아리며, 천시天時의 성쇠를 관찰하고, 지리적 형세가 얼마나 넓고 좁은지 산세가 얼마나 험하고 쉬운지, 신하와 백성의 재화가 얼마나 많은지, 제후와의 교류에서 누가 친하고 누가 소원한지, 누구를 아끼고 누구를 미워하는지를 살펴야 한다. 마음속에 품고 있는 의도가 무엇인지를 살피고, 그가 좋아하고 싫어하는 것이 무엇인지를 알고 나서, 그가 소중히 여기는 바를 바탕으로 유세하되, 칭찬하고 옭아매는 수사적 표현으로 상대가 좋아하는 것을 낚아 올려 정보를 얻고, 그를 옭아매어 목적을 추구한다.

이러한 술수를 개인에게 쓰고자 하면 반드시 먼저 그의 지혜와 재능을 헤아리고 자질과 능력을 측정하고 기세를 요리하면서 상대를 조절하는 것을 수단으로 삼는다. 그것으로 상대의 마음을 받아들이고 따르기도 하고, 화합하면서도 압박하고, 의도를 파악해 상대의 마음을 열게 만드니, 이것이 상대를 칭찬해 마음을 옭아매는 방법이다. 이 술수를 사람들에게 사용하면 공허한 칭찬을 가지고 실제적인 정보와 효과를 얻게 되니, 마음을 옭아매어 관계를 유지하면서, 그 말들 속에서 진심과 의도를 파악한다. 그렇게 하면 그를 옭아매어 합종할 수도 있고 연횡할 수도 있으며, 그를 유도해 동쪽으로 가게 할 수도 있고 서쪽으로 갈 수도 있으며, 남쪽으로 가게 할 수도 있고 북쪽으로 갈 수도 있으며, 유도해 상대가 반대로 가게 할 수도 있고 입장을 뒤바꾸게 할 수도 있다. 비록 상대가 자신의 입장을 뒤바꾸었더라도 다시 번복하게 할 수 있어서 제어할 때 척도를 잃지 않는다.

凡度權量能, 所以征遠來近. 立勢而制事, 必先察同異, 別是非之語, 見內外之辭, 知有無之數, 決安危之計, 定親疏之事. 然後乃權量之. 其有隱括, 乃可征, 乃可求, 乃可用.

引鉤箝之辭, 飛而箝之. 鉤箝之語, 其說辭也, 乍同乍異. 其不可善者, 或先征之而後重累, 或先重以累而後毀之. 或以重累爲毀, 或以毀爲重累. 其用或稱財貨·琦瑋·珠玉·璧帛·采色以事之. 或量能立勢以鉤之, 或伺候見㵎而箝之. 其事用抵巇.

將欲用之天下, 必度權量能, 見天時之盛衰, 制地形之廣狹, 岨嶮之難易, 人民貨財之多少, 諸侯之交孰親孰疏, 孰愛孰憎. 心意之慮懷, 審其意, 知其所好惡, 乃就說其所重, 以飛箝之辭, 鉤其所好, 以箝求之.

用之於人, 則量智能, 權材力, 料氣勢, 爲之樞機. 以迎之隨之, 以箝和之, 以意宣之, 此飛箝之綴也. 用之於人, 則空往而實來, 綴而不失, 以究其辭. 可箝而從, 可箝而橫, 可引而東, 可引而西, 可引而南, 可引而北, 可引而反, 可引而覆. 雖覆能復, 不失其度.

6장 결별과 연대(忤合)

　의견이 맞아 연대하건 배반해 등을 지던 그 현실 상황에 적합한 전략이 있어야 한다. 현실 상황에 적합하게 변화해 뒤바뀌는 모습은 마치 둥근 고리와 같아서 각각 형세와 세력에 따른다. 상황의 변화를 반복해서 탐구해 상황에 따라서 적합한 전략을 조절한다. 그래서 성인은 천지 사이에서 자신의 입장을 세우고 세상을 제어하며 가르침을 베풀고 명성을 드날리며 명분을 명백하게 하는 것이다. 그럴 때 반드시 상황과 사물이 변화하는 기회를 통해서 천시 天時의 합당함을 파악하고 존망화복과 이해득실이 증가하고 감소하는 것을 알고 이것에 근거해 미래를 예측하고 이것에 따라서 상황에 적응하고 변화한다.
　세상에는 고정된 가치란 없고 어떤 일에도 고정된 지도자는 없다. 그래서 성인은 의도적으로 개입하지 않지만 개입하지 않음도 없으며(영향을 미치지 않는 바도 없으며), 일부러 들으려 하지 않지만 그렇다고 듣지 못하는 것도 없다. 도모하는 일을 성공시키려면 현실에 합당한 계획과 전략에 부합하는 군주를 만나야 하므로 결별과 연대의 기술을 사용해야 한다. 이쪽과 마음이 합치하고 저쪽과 마음이 갈라졌을 때는 두 쪽 모두에게 자신의 계획과 전략을 충실하게 수행할 수 없다. 그래서 반드시 배반의 기술이 있어야 한다.

이쪽으로 돌아가려면 반드시 먼저 저쪽과 결별하고, 이쪽과 결별하고 나서 저쪽으로 돌아가야 한다. 이것이 그 술수이다.

이러한 술수를 천하에 사용할 때에는 반드시 천하의 형세를 헤아린 다음에 시행해야 하고, 제후국에 사용할 때에는 그 제후국을 헤아린 다음에 시행해야 하며, 대부의 집안에 사용할 때에는 그 대부의 집안을 헤아린 다음에 시행해야 하며, 개인에게 사용할 때에는 그 개인의 자질과 능력과 기세를 헤아린 다음에 시행해야만 한다. 크건 작건 나아가건 물러나건 그 운용 원칙은 동일하다. 반드시 먼저 전략적으로 사려하고 전략 계획을 정하면 그 후에 칭찬하고 압박하는 술수를 가지고 실행한다.

고대에 어느 군주를 배반할지 어느 군주에게 향할 것인지를 잘했던 사람은 온 세상 사람과 협력하고 제후를 포섭해 결별과 연대가 이루어지는 현실 속에서 변화하고 뒤바뀐 후에 연대를 구했다. 그래서 이윤은 다섯 차례 탕왕湯王에게 갔고 다섯 차례 걸왕桀王에게 갔다가 걸왕을 깨우칠 수 없어서 그 후에 탕왕과 연대했다. 여상은 세 차례 문왕에게 갔고 세 차례 은나라에 들어갔다가 깨우칠 수가 없어 그 후에 문왕과 연대했다. 이것이 천명의 부득이함을 아는 것이다. 그래서 모든 것을 의심하지 않고 돌아가 연대할 수 있었다.

오묘한 천리에 통달한 성인이 아니라면 세상을 제어할 수 없고, 마음을 다하고 고심해서 사려하지 않는다면 사물의 근원을 얻지 못하고, 마음을 모두 이해하고 현실의 정보를 보지 못하면 명성을 이룰 수가 없고, 재능과 자질이 지혜롭지 못하면 군사를 다스릴 수가 없고, 충심과 성실로 진실하게 사람을 상대하지 못하면 그 사람을 알 수가 없다. 그러므로 결별과 연대의 방도는 반드시 자신의 재능과 지혜를 평가하고, 자신의 장점과 단점을 헤아려 누가 자신보다 뛰어난지를 스스로 알아야 한다. 그래야 정치에 나갈 수 있으며 물러설 수도 있고, 복종하고 연대하는 정치적 각축장에서 살아남을 수 있다.

凡趨合倍反, 計有適合. 化轉環屬, 各有形勢. 反覆相求, 因事爲制. 是以聖人居天地之間, 立身·御世·施敎·揚聲·明名也. 必因事物之會, 觀天時之宜, 因知所多所少, 以此先知之, 與之轉化.

世無常貴, 事無常師. 聖人無常與, 無不與, 無所聽, 無不聽. 成於事而合於計謀, 與之爲主. 合於彼而離於此, 計謀不兩忠, 必有反忤. 反於此, 忤於彼, 忤於此, 反於彼. 其術也.

用之於天下, 必量天下而與之, 用之于國, 必量國而與之, 用之於家, 必量家而與之, 用之於身, 必量身材能氣勢而與之. 大小進退, 其用一也. 必先謀慮計定, 而後行之以飛箝之術.

古之善背向者, 乃協四海, 包諸侯, 忤合之地而化轉之, 然後求合. 故伊尹五就湯, 五就桀, 而不能有所明, 然後合于湯. 呂尙三就文王, 三入殷, 而不能有所明, 然後合于文王. 此知天命之箝. 故歸之不疑也.

非至聖達奧, 不能御世, 非勞心苦思, 不能原事, 不悉心見情, 不能成名, 材質不惠, 不能用兵, 忠實無眞, 不能知人. 故忤合之道, 己必自度材能知睿, 量長短遠近孰不如. 乃可以進, 乃可以退, 乃可以縱, 乃可以橫.

7장 정보 파악(揣)

고대에 천하의 정치를 잘했던 자는 반드시 천하의 권력 관계에 대한 정보를 헤아리고 제후의 현실 정보와 심리 정보를 파악했다. 권력 관계에 대한 정보를 헤아릴 때 주도면밀하지 못하면 각국의 강약과 경중의 대칭 관계를 알지 못하고, 심리 정보를 파악할 때 주도면밀하지 못하면 은밀하게 감추어진 변화의 동정을 알지 못한다. 권력 관계에 대한 정보를 헤아리는 것은 무엇인가? 영토의 크기를 계산하고, 인구의 많고 적음을 고려하며, 경제력을 저울질하며, 군사력의 많고 적음을 파악하고, 풍요하고 궁핍한 것과 여유롭고 부족한 것이 얼마나 되는지를 파악하며, 지리적 형세의 구조가 어떠한지를 분별해 어느 지형이 누구에게 이익이며 누구에게 해로운지를 알며, 전략적 고려가 어떤 것이 장점이고 어떤 것이 단점인지를 생각하고, 군주와 신하 사이에서 친하고 소원한 관계를 살펴 누가 지혜롭고 누가 불초한지를 보고, 지혜로운 빈객과의 관계에서 누가 많고 누가 적은지를 살펴보고, 천시天時의 화복禍福에서 누가 길하고 누가 흉한지를 관찰하며, 제후의 관계 교류에서 누가 동맹을 이용하고 이용하지 않는지를 보고, 백성의 마음의 향배와 거취의 변화에서 어느 나라가 안정되고 어느 나라가 위태로우며, 백성이 누구를 좋아하고 누구를 미워하는지, 백성의 저항이 누구에게 이로운지를 본다. 이것들을 알 수 있는 것을 권력 관계에 대한 정보를 헤아리는 것이라 할 수 있다.

심리 정보를 파악하는 것은 무엇인가. 상대가 매우 기뻐할 때 그에게 가서 그가 바라는 것을 모두 드러나게 자극해야 하니 그가 바라는 것이 있다면 진실한 마음의 정보를 숨길 수 없기 때문이다. 상대가 가장 두려움에 빠졌을 때 그에게 가서 그가 싫어하는 것을 모두 드러나게 자극해야 하니 그가 싫어하는 것이 있다면 진실한 마음의 정보를 숨길 수 없기 때문이다. 내면의 진실한 마음과 욕망은 반드시 그에 상응하는 감정의 변화를 자신도 모르게 겉으로 드러낸다. 자극을 주어서 마음을 동요시켰는데도 그에 상응하는 감정의 변화를 드러내지 않아 파악할 수가 없는 사람은 그냥 내버려두고, 그와 말하지 않다가 다른 한편으로 그와 가장 친한 사람에게 물어서 그가 안정되어 있는 원인을 파악한다. 내면에서 감정이 변화하면 그것은 겉으로 모습이 드러나게 마련이다. 그래서 항상 드러난 것을 통해 감추어진 것을 알아야 한다. 이를 깊이 숨겨진 것을 헤아리며 내면의 정보를 살피는 것이라 한다.

그래서 나라의 일을 계획하려면 주변의 권력 관계에 대한 정보를 헤아려야 할 것이고 군주에게 유세하려면 마땅히 군주의 심리 정보를 파악해야 한다. 전략적 계획과 군주의 감정과 욕망에 대한 정보는 이러한 기술로부터 얻어내야 한다. 이것에 따라서 귀하게 될 수도 있고 천하게 될 수도 있으며, 존중받을 수도 있고 경시될 수도 있으며, 이익을 얻을 수도 있고 해를 입을 수도 있으며, 성공힐 수도 있고 실패할 수도 있으니, 그 술수는 동일하다. 그래서 선왕의 도와 성인의 전략을 가지고 있더라도 정보를 파악하는 기술이 없다면 성인에게 은밀하게 감추어진 오묘한 의도를 알지 못해 성인의 도와 전략을 시행할 수 없다. 이것이 전략의 근본이며 유세의 원칙이다.

항상 다른 사람을 섬겨 일을 하지만 상대가 먼저 자신의 정보를 알아차릴 수가 없고 다른 사람과 일하기 전에 미리 정보를 얻어내니, 이것이 가장 어려운 일이다. 그러므로 정보를 파악할 때 자신을 지키며 조절하는 것이 가장 어렵다고 하는 것이니 상대의 말에서 상대의 전략적 사려를 알맞게 포착해내야 한다. 그러므로 작은 벌레가 날고 꿈틀거리고 움직이는 것을 잘 관찰하면 하찮은 벌레일지라도 이로움과 해로움을 따라 움직이는 것을 볼 수 있으니, 이 점을 잘 이해하면 일을 잘 처리할 수 있다. 일을 잘 처리한다는 것은 처음부터 미묘한 징후를 잘 파악해 형세를 통제하기 때문이다. 이것이 정보를 파악해 말을 수식하고 꾸밈을 만든 후에 유세를 해야 한다는 것이다.

古之善用天下者, 必量天下之權而揣諸侯之情. 量權不審, 不知强弱輕重之稱, 揣情不審, 不知隱匿變化之動靜? 何謂量權. 曰度于大小, 謀於衆寡, 稱貨財有無之數, 料人民多少, 饒乏·有餘不足幾何, 辨地形之險易, 孰利孰害, 謀慮孰長孰短, 揆君臣之親疏, 孰賢孰不肖, 與賓客之智慧, 孰多孰少, 觀天時之禍福, 孰吉孰凶, 諸侯之交, 孰用孰不用, 百姓之心, 去就變化, 孰安孰危, 孰好孰憎, 反側孰辯. 能知此者, 是謂量權.

揣情者, 必以其甚喜之時, 往而極其欲也, 其有欲也, 不能隱其情. 必以其甚懼之時, 往而極其惡也, 其有惡也, 不能隱其情. 情欲必出其變. 感動而不知其變者, 乃且錯其人, 勿與語而更問其所親, 知其所安. 夫情變於內者, 形見於外. 故常必以其見者, 而知其隱者. 此所以謂測深揣情.

故計國事者, 則當審權量, 說人主, 則當審揣情. 謀慮情欲必出於此. 乃可貴, 乃可賤, 乃可重, 乃可輕, 乃可利, 乃可害, 乃可成, 乃可敗, 其數一也. 故雖有先王之道·聖智之謀, 非揣情, 隱匿無所索之. 此謀之大本也, 而說之法也.

常有事于人, 人莫能先, 先事而生, 此最難爲. 故曰揣情最難守司, 言必時其謀慮. 故觀蜎飛蠕動, 無不有利害, 可以生事. 美生事者, 幾之勢也. 此揣情飾言成文章, 而後論之.

8장 어루만지는 기술(摩)

마摩란 정보를 파악해 내면의 진심을 어루만져 다루는 기술이다. 외부로 드러난 내면의 심리를 자극하고 유도하면서 다루는 것이 어루만지는 기술의 목적이다. 이 기술을 사용할 때는 방도가 있는데 그 방도란 반드시 상대가 눈치 채지 못하도록 은밀하게 진행해야 한다는 것이다. 은밀하게 상대가 욕망하는 것을 어루만져 자극하면서 관측하고 탐구하면 그에 상응하는 내면의 심리가 외부로 드러나 반드시 반응하게 된다. 일단 반응하면 반드시 무엇인가 하고자 하는 바를 하려 한다. 그럴 때 은밀하게 모른 척하면서 떠난다. 이것을 일컬어 '동굴의 입구를 막고 단서를 숨기며 모습을 숨기고 감정을 감추라'는 것이니 상대가 알지 못하게 하기 때문에 일을 성공시키고도 후환이 없게 만들 수 있다. 여기에서 자극해 유도하면 저기에서 그에 상응하는 내면의 심리가 호응하면서 드러난다. 이에 그것을 따르고 화답하면 이루지 못할 일은 없다.

고대에 이 어루만지는 기술을 잘한 사람은 낚시를 들고 깊은 연못 앞에서 미끼를 던져 고기를 낚는 것과 같아서 반드시 물고기를 낚는다. 그러므로 일을 주도할 때마다 매번 공을 이루지만 사람들은 왜 그러한지 전혀 모르며, 전쟁을 지도할 때마다 매일 승리하지만 사람들이 두려워하지 않는다고 말하는 것이다. 성인은 아무도 모르는 곳에서 일을 꾸미고 도모하기 때문에 신묘하다고 칭해지지만, 모두 알도록 공개적인 곳에서 공을 이루기 때문에 지혜롭다고 칭해진다. '일을 주도할 때마다 매번 승리한다'는 말은 덕을 쌓은 것이기 때문에 백성이 안정을 이루었는데도 왜 자신들이 이롭게 되었는지를 모르는 것이고, 선을 쌓았기 때문에 백성이 인도되었으면서도 왜 그렇게 되는지를 알지 못하니, 천하 사람이 성인을 '신명'神明하다고 칭송하는 것이다. '전쟁을 지도할 때마다 매일 승리한다'는 것은 항상 다툼이 일어나지 않게 하면서도 이기고, 국가의 비용을 쓰지 않게 하면서 이기기 때문에 백성이 복종해야 할 이유를 모르고 두려워해야 할 이유를 알지 못하니, 천하 사람들이 '신명'하다고 칭송하는 것이다.

어루만지는 기술은 상대의 자질에 따라 다양한 방법을 쓴다. 평심한 태도를 보이기도 하고, 솔직한 태도를 보이기도 하며, 즐겁게 말하는 태도를 보이기도 하고, 분노의 태도를 보이기도 하며, 명예심을 자극하기도 하고, 솔선수범을 보이기도 하며, 청렴한 태도를 보이기도 하고, 신뢰의 태도를 보이기도 하며, 실리적인 측면을 말하기도 하고, 비하의 태도를 보이기도 한다. 평심하게 말하는 것은 상대의 마음을 진정시키고, 솔직하게 말하는 것은 상대도 정직하게 말하도록 만들고, 즐겁게 말하는 것은 상대의 기쁜 감정이 드러나게 만들고, 분노를 표하는 것은 상대의 분노를 격발시키고, 명예심을 자극하는 것은 상대의 공명심을 유발시키고, 솔선수범을 보이는 것은 상대가 일을 성취하도록 재촉할 수 있고, 청렴한 태도를 보이는 것은 상대를 결백하게 하고, 신뢰의 태도를 보이는 것은 상대의 진심을 밝힐 수 있고, 실리적인 측면을 말하는 것은 상대가 이익을 추구하려는 마음을 일으키게 하고, 비하의 태도를 보이는 것은 상대를 아첨하게 한다. 그래서 이러한 술수를 성인이 홀로 사용하는 것 같지만 사실은 모든 사람이 사용하고 있다. 그러나 그들이 공을 이루지 못하는 이유는 그 사용 방식이 잘못되었기 때문이다.

그러므로 전략은 주도면밀하고 은밀하기가 가장 어렵고, 유세하는 것은 자신의 말을 상대가 완전하게 듣게 하는 것이 가장 어려우며, 일을 도모할 때는 반드시 성공을 이루는 것이 가장 어렵다. 이 세 가지는 이치를 통달한 성인만이 감당할 수 있다. 전략이 주도면밀하게 이루어지기를 바란다면 반드시 통할 수 있는 상대를 선택해 유세해야만 한다. 그래서 군주와 연대하더라도 틈새가 없게 된다고 말하는 것이다. 일을 성취하려면 반드시 어루만지는 기술이 그 일에 적합해야만 한다. 그래서 '도道와 기술과 때가 서로 만나서 이루어진다'고 말하는 것이다.

유세하는 자가 자신의 말을 진심으로 경청하게 만들고 싶다면 반드시 상대의 권력 관계에 대한 정보와 심리 정보에 적합해야만 한다. 그래서 '상대의 정보에 적합하게 말한 것을 상대는 경청한다'고 말하는 것이다. 그러므로 사물은 같은 부류로 회귀하니, 장작을 안고 불 속에 던지면 건조한 곳이 가장 먼저 불타고, 평지에 물을 부으면 축축한 곳이 먼저 젖는다. 이것이 사물이 같은 부류로 호응하는 것으로 형세에 있어서도 비유가 이러하다. 이것은 내면 심리가 외부의 어루만지는 자극에 의해서 호응해 드러나는 것이 이와 같음을 말한 것이다. 그래서 '같은 부류로 어루만져 자극하면 그에 호응하는 반응이 어찌 없을 것이며, 같은 욕망으로 어루만져 자극하면 어찌 경청하지 않는 자가 있을 것인가?'라고 말한 것이다. 그래서 오직 성인만이 홀로 행하는 기술이라고 말한다. 이 기술은 틈새를 보고 망설이지 않고 즉시 행하니 적합한 기회에 늦지 않고, 공을 성취했다고 해서 그것에 집착하지 않으며 인내를 가지고 오래도록 시행하면 상대를 변화시키는 영향력을 미칠 수 있다.

摩者, 揣之術也. 內符者, 揣之主也. 用之有道, 其道必隱. 微摩之, 以其所欲, 測而探之, 內符必應. 其所應也, 必有爲之. 故微而去之, 是謂塞窌·匿端·隱貌·逃情, 而人不知, 故能成其事而無患. 摩之在此, 符應在彼. 從而用之, 事無不可.

古之善摩者, 如操鉤而臨深淵, 餌而投之, 必得魚焉. 故曰主事日成而人不知, 主兵日勝而人不畏也. 聖人謀之于陰, 故曰神, 成之于陽, 故曰明. 所謂主事日成者, 積德也, 而民安之不知其所以利, 積善也, 而民道之不知其所以然, 而天下比之神明也. 主兵日勝者, 常戰於不爭不費, 而民不知所以服, 不知所以畏, 而天下比之神明.

其摩者, 有以平, 有以正, 有以喜, 有以怒, 有以名, 有以行, 有以廉, 有以信, 有以利, 有以卑. 平者, 靜也, 正者, 宜也, 喜者, 悅也, 怒者, 動也, 名者, 發也, 行者, 成也. 廉者, 潔也, 信者, 期也, 利者, 求也, 卑者, 諂也. 故聖所獨用者, 衆人皆有之. 然無成功者, 其用之非也.

故謀莫難於周密, 說莫難於悉聽, 事莫難於必成. 此三者, 唯聖人然後能任之. 故謀必欲周密, 必擇其所與通者說也. 故曰或結而無隙也. 夫事成必合於數, 故曰道數與時相偶者也.

說者聽必合於情. 故曰情合者聽. 故物歸類, 抱薪趨火, 燥者先燃, 平地注水, 濕者先濡. 此物類相應, 於勢譬猶是也. 此言內符之應外摩也如是. 故曰摩之以其類, 焉有不相應者, 乃摩之以其欲, 焉有不聽者. 故曰獨行之道. 夫幾者不晚, 成而不拘, 久而化成.

9장 유세의 기술(權)

유세란 상대를 기쁘게 설득하는 것이다. 설득은 반드시 상대의 조건을 바탕으로 해야 한다. 설득은 말을 꾸미는 것이고 말을 꾸미는 것은 선택해 꾸미는 능력이다. 선택해 꾸민다는 것은 어떤 것은 덧붙여 드러내고 어떤 것은 빼서 감추는 것이다. 상대의 의문에 응할 때는 편리한 말이 좋다. 편리한 말은 간결하고 명쾌한 논의이다. 의미가 있는 말을 만들 때는 이치를 밝히는 것이 필요하다. 이치를 밝힐 때에는 사례를 사용해 논증 설명한다. 이런 과정에서 이전에 한 말을 거슬러 올라갈 수도 있고 뒤집어볼 수도 있는데 이는 서로 논박하기 위해서이다. 말을 비난할 때는 상대의 논리를 논박해야 한다. 논리를 논박하기 위해서는 깊이 감추어진 논리의 허점을 파악해야 한다.

교활한 말은 비위를 맞추는 표현을 사용해 충직하다는 평을 얻고, 아부하는 말은 박식하고 화려하게 꾸민 표현을 사용해 지혜롭다는 평을 얻고, 과감하고 편벽된 말은 결단적인 표현을 사용해 용맹하다는 평을 얻고, 걱정스러워하는 말은 해결책을 올리는 듯한 표현을 사용해 믿음직스럽다는 평을 얻고, 냉정하게 싸우려는 듯한 말은 반박하는 표현을 사용해 승리했다는 평을 얻는다. 타인의 의도를 간파해 그의 욕망을 따르면서 말하는 방식이 '비위를 맞추는 표현'이고, 말을 번잡하게 꾸미면서 말하는 방식이 '화려하게 꾸민 표현'이고, 이것을 할까 저것을 할까에 대해 의심을 하지 않는 듯이 말하는 방식이 '결단적인 표현'이고, 정책을 선택하고 모략을 올리는 듯이 말하는 방식이 '해결책을 올리는 듯한 표현'이고, 상대방의 부족한 부분을 먼저 분별해 그의 잘못을 논박하는 방식이 '반박하는 표현'이다.

그래서 입은 열고 닫는 잠금 장치로 심리 정보와 의도를 닫아 감춘다. 귀와 눈은 마음을 도와주는 보조 기관으로 그것을 통해 상대의 기만과 간사함을 엿볼 수 있다. 그러므로 입, 귀, 눈 이 세 가지가 서로 조화를 이루어 반응할 때 도리에 따라서 움직인다. 그래서 번잡한 말을 들어도 마음은 혼란스럽지 않고, 고상하고 추상적인 말을 들어도 미혹되지 않고, 변화무쌍하게 말을 바꾸면서 논의해도 기만당하지 않는 것은 상대의 말 속에서 요점을 보고 이치를 얻을 수 있기 때문이다. 눈이 없는 사람에게 다섯 가지 색깔을 보여줄 수가 없고 귀가 없는 사람에게 다섯 가지 소리를 들려줄 수 없다. 그래서 상대에게 가서 유세할 수 없는 것은 상대의 마음을 열 수 없기 때문이고, 아무도 와서 유세하지 않는 것은 받아주는 바가 없기 때문이다. 이런 사람에게는 통하지 않는 것이 있는데 성인은 그래서 이런 사람과는 어떤 일도 도모하지 않는다. 옛사람이 말하기를 '입은 음식을 먹을 수 있지만 마음대로 말할 수는 없다'고 했는데 말에는 꺼리고 피해야 할 것들이 있기 때문이다. 그리고 '여러 사람의 입은 쇠도 녹일 수 있다'고 했는데 사실을 왜곡할 수 있기 때문이다.

사람의 마음은 말을 하면 상대가 들어주기를 원하고 일을 하면 성공하기를 원한다. 그래서 지혜로운 사람은 자신의 단점을 쓰지 않고 어리석은 사람의 장점을 쓰며, 자신의 서투름을 쓰지 않고 어리석은 사람의 정교함을 쓰니, 그래서 곤란해지지 않는다. 상대의 이로운 점을 말하는 것은 그 장점을 따르려는 것이고, 상대의 해로운 점을 말하는 것은 그 단점을 피하려는 것이다. 그래서 딱딱한 껍질을 가진 곤충이 사나운 것은 견고하고 두꺼운 껍질로 자신을 보호하기 때문이고 독을 가진 벌레가 활발히 움직이는 것은 맹독으로 자신을 보호하기 때문이다. 이렇게 새와 짐승이 장점을 알고 있듯이 유세하는 사람도 자신이 써야 할 장점을 이용할 줄 알아야 한다.

그래서 듣는 사람에게 귀에 거슬리는 말이 다섯 가지가 있다. 병든 느낌의 말, 두려움에 가득한 느낌의 말, 근심에 가득 찬 느낌의 말, 분노에 가득 찬 느낌의 말, 기쁨에 가득 찬 느낌의 말이다. 병든 느낌의 말은 쇠락한 기운이 느껴져 말에 생기가 없는 듯이 들리고, 두려움에 가득한 느낌의 말은 장腸이 끊긴 듯해 말에 주된 중심이 없는 듯이 들리고, 근심에 가득 찬 느낌의 말은 앙심을 품고 있어 마음이 꽁 막혀 말을 하고 싶지 않은 듯이 들리고, 분노에 가득 찬 느낌의 말은 감정에 사무쳐 경거망동하면서 말을 통제할 수 없는 듯이 들리고, 기쁨에 가득 찬 느낌의 말은 감정을 발산하면서 말을 자중하지 못하고 요점이 없는 듯이 들린다. 이 다섯 가지 종류의 말은 그것의 미묘한 사용에 정통한 사람이라야 적절한 상황에 응용할 수 있고, 유리한 상황이라야 행할 수 있다. 그래서 지혜를 가진 사람과 말할 때는 자신의 박학다식함을 드러내야 하고, 우둔한 사람과 말할 때는 상대가 분별하기 쉽게 해야 하며, 구별을 잘하는 사람과 말할 때는 간단히 핵심을 말해야 하고, 신분이 높은 사람과 말할 때는 기죽지 말고 기세등등해야 하며, 돈 많은 사람과 말할 때는 자신의 고상함을 드러내야 하고, 가난한 사람과 말할 때는 이득에 근거해 설명해야 하며, 신분이 낮은 사람과 말할 때는 깔보는 태도가 아니라 겸손한 태도여야 하고, 용맹한 자와 말할 때에는 과감한 결단을 드러내야 하며, 과실이 있는 사람과 말할 때는 예리한 태도를 유지해야 한다. 이것이 유세의 기술인데 사람들은 흔히 그 반대로 행한다.

그래서 지식을 가진 사람과 말할 때에는 그들을 깨우치려 하고, 지식을 가지지 못한 사람과 말할 때에는 그들을 가르치려 든다. 그러나 이렇게 해서는 설득하기가 힘들다. 그러므로 말하는 방식에는 여러 가지 종류가 있고 상황은 다양하게 변화한다. 그래서 하루 종일 말하더라도 실제 정황에 바탕을 두고 적절한 방식을 잃지 않는다면 일이 혼란해지지 않고, 말하는 방식이 종일토록 사물에 따라 변화하지만 근본적인 뜻은 잃지 않는다. 그러므로 지혜로운 자는 함부로 망령되게 말하지도 행동하지도 않는다. 듣는 것은 명백하게 듣는 것이 중요하고 지혜는 총명함이 중요하며, 수사적 표현은 현실에 적합한 기발함이 중요하다.

說者, 說之也. 說之者, 資之也. 飾言者, 假之也. 假之者, 益損也. 應對者, 利辭也. 利辭也, 輕論也. 成義者, 明之也. 明之者, 符驗也. 言或反覆, 欲相卻也. 難言者, 卻論也. 卻論者, 釣幾也.

佞言者, 諂而干忠, 諛言者, 博而干智, 平言者, 決而干勇, 戚言者, 權而干信, 靜言者, 反而干勝. 先意承欲者, 諂也, 繁稱文辭者, 博也, 縱舍不疑者, 決也, 策選進謀者, 權也, 先分不足以窒非者, 反也.

故口者, 機關也, 所以關閉情意也. 耳目者, 心之佐助也, 所以窺覸姦邪.

故曰參調而應，利道而動．故繫言而不亂，翱翔而不迷，變易而不危者，覩要得理．故無目者，不可示以五色，無耳者，不可告以五音．故不可以往者，無所開之也，不可以來者，無所受之也．物有不通者，聖人故不事也．古人有言曰，'口可以食，不可以言'，言者，有諱忌也．'衆口爍金'，言有曲故也．

人之情，出言則欲聽，舉事則欲成．是故智者不用其所短，而用愚人之所長，不用其所拙，而用愚人之所工，故不困也．言其有利者，從其所長也，言其有害者，避其所短也．故介蟲之捍也，必以堅厚，螯蟲之動也，必以毒螯．故禽獸知用其長，而談者知用而用也．

故曰辭言有五．曰病，曰怨，曰憂，曰怒，曰喜．病者，感衰氣而不神也，恐者，腸絕而無主也，憂者，閉塞而不泄也，怒者，妄動而不治也，喜者，宣散而無要也．此五者，精則用之，利則行之．故與智者言，依於博，與博者言，依於辨，與辨者言，依於要，與貴者言，依於勢，與富者言，依於高，與貧者言，依於利，與賤者言，依於謙，與勇者言，依於敢，與愚者言，依於銳．此其術也，而人常反之．

是故與智者言，將以此明之，與不智者言，將以此教之．而甚難爲也．故言多類，事多變．故終日言，不失其類而事不亂，終日不變而不失其主．故智貴不妄．聽貴聰，智貴明，辭貴奇．

10장 전략(謀)

　모든 전략에는 방식이 있다. 그러나 그 방식을 알려면 반드시 상대의 조건을 바탕으로 해서 정보를 얻어야 한다. 정보를 주의 깊게 살펴서 세 가지 기준을 세운다. 세 가지 기준은 상급 전략, 중급 전략, 하급 전략이다. 이 세 가지 기준을 세우고 그것을 비교하고 현실을 참조해 현실에 가장 적합한 전략을 세운다. 현실에 적합하기 때문에 기발한 전략은 어떤 장애도 모를 것이니 이것은 원래 고대 사람이 현실에서 실천했던 것이다. 그래서 정나라 사람이 산으로 옥을 구하러 갈 때 수레에 나침반을 실었는데 이는 방향을 잃지 않기 위해서였다. 마찬가지로 상대의 재주를 판단하고 능력을 헤아리며 정보를 얻는 것 역시 정치적인 일을 처리할 때 나침반 역할을 한다.
　동일한 정황적 조건과 의도를 가진 두 집단이 일을 함께 도모한 후에 서로 친근하게 관계하면 그것은 서로 승리했기 때문이고, 동일한 욕망을 가진 두 집단이 서로 멀리하면 그것은 한쪽이 피해를 입었기 때문이다. 동일하게 미움을 받은 두 집단이 서로 친근하게 관계하면 그것은 모두 피해를 입었기 때문이고, 동일하게 미움을 받은 두 집단이 서로 멀리하면 그것은 한쪽이 피해를 입었기 때문이다. 그러므로 서로에게 이득이 되면 친근하게 지내고 서로 손해를 보면 멀리하게 된다. 이것이 술수를 행할 때에 먼저 같은 점과 다른 점의 구분을 살피는 이유이다. 그래서 담장은 틈새로부터 무너지기 시작하고 나무는 마디로부터 부러지기 시작하니 인간사도 이런 틈새의 차이로부터 시작한다. 새로운 상황은 과거의 상황 변화로부터 일어나고, 새로운 상황을 해결하기 위해서는 전략이 필요하고, 전략의 실천을 통해 다시 새로운 계획이 나오고, 새로운 계획은 논의 과정을 일으키고, 논의 과정을 통해 설득하려는 유세가 일어나고, 유세를 통해서 정치권에 나아가지만, 정치권에 나아가는 것은 오히려 물러나려는 의도를 통해 이루어지고, 물러나려는 의도는 절제함에서 생기니, 어떤 일에서나 상황 변화에 따라 절제해야 한다. 그래서 어떠한 일들의 처리 과정도 동일한 이치이고 다양한 사례도 동일한 술수이다.

인仁한 사람은 재물을 경시해 재물의 이득과 손해를 따져서 그를 유혹할 수 없지만, 그의 인한 성격을 이용해 재물을 쓰도록 유도할 수는 있다. 용기 있는 사람은 어렵고 힘든 일을 별것 아니라고 가볍게 생각해 고통으로 겁을 주어 어떤 일을 하게 만들 수는 없지만, 그의 용기를 이용해 위험한 일을 자처하게 만들 수는 있다. 지혜로운 사람은 술수에 통달하고 이치에 밝기 때문에 거짓으로 속일 수는 없지만, 합리적인 이치를 설명해 그가 공을 세우도록 유도해낼 수 있다. 이것이 인재를 사용하는 세 가지 방법이다. 그래서 반대로 어리석은 사람은 쉽게 속일 수 있고, 못난 사람은 쉽게 두렵게 할 수 있으며, 탐욕스런 사람은 쉽게 유혹할 수가 있다. 이것이 상대의 조건에 따라서 상대를 제어하는 것이다. 그러므로 강하게 된 것은 약한 것으로부터 쌓아올린 것이고, 강직하게 된 것은 사소한 요령으로부터 쌓아올린 것이며, 여유가 있는 것은 부족한 것으로부터 쌓아올린 것이다. 이것이 도의 적절한 기술을 실행하는 것이다.

　유세하려는 상대가 겉으로는 친한 것 같은데 속으로는 멀리하면 속마음을 설득하는 유세를 하고, 속으로는 친한데 겉으로는 멀리하면 외적인 이해관계의 문제를 설득하는 유세를 한다. 그래서 상대가 의심을 가지고 있다면 그 의심을 해소시킬 수 있도록 분별해주고, 상대가 자신의 견해를 주장하면 그 견해를 긍정하면서 이치를 밝혀주며, 상대가 말하는 것에 따라서 요점을 드러내주며, 상대의 현실적 조건에 따라서 이루어주며, 그들이 싫어하는 것에 따라서 자세히 살펴 대처하며, 상대가 근심을 가지고 있다면 그 근심을 먼저 해결해준다. 그런 후에 어루만져주면서 압박해 두렵게 만들기도 하고, 칭찬하면서 자극해 마음을 동요시키기도 하고, 미묘하게 선례를 인용해 증명해 보이기도 하고, 증거를 제시해 호응하게 만들기도 한다. 그런데도 설득되지 않으면 정보를 차단해 막아버리고 상대를 교란시켜서 미혹시켜 기만한다. 이것을 계획과 전략이라 한다.

　계획과 전략을 사용할 때는 공개적인 것보다는 개인적인 은밀함이 좋고 개인적인 은밀함보다는 다른 사람과 연대해 신뢰의 틈이 벌어지지 않는 것이 좋다. 틀에 박힌 올바른 방식보다 현실에 적합한 기발한 방식이 좋다. 기발한 전략은 현실에 신속하게 사용되고 다양하게 적용될 수 있다. 그러므로 군주에게 유세할 때에는 반드시 현실에 적합한 기발한 전략을 가지고 말해야 하며, 신하에게 유세할 때에는 개인적인 은밀함을 가지고 말해야 한다. 어떤 집단에 속한 사람이 집단 내부에 관한 일을 외부로 발설하면 집단으로부터 따돌림을 당할 것이고, 집단 외부에 있는 사람이 집단 내부의 은밀한 내용을 발설하면 위태로워질 것이다. 사람이 원하지 않는 것을 그 사람에게 강제하지 말고 그 사람이 알지 못하는 것을 그 사람에게 강제로 가르치려 하지 말라. 사람에게 좋아하는 것이 있으면 그것을 배워서 좋아하는 것을 따르는 방식으로 말하고, 싫어하는 것이 있으면 그것을 피해 말하지 말아야 한다. 그래서 상대가 알지 못하는 방식으로 술수를 써서 공개적으로 공을 이룬다.

그래서 누군가를 제거하려 하면 먼저 그가 하고 싶은 대로 내버려두고 그 방종함이 극단에 이르면 그를 제압한다. 얼굴의 표정에 자신의 호오好惡가 드러나지 않기 때문에 사람들은 깊은 속내를 모두 드러내 부탁한다. 그가 어떤 사람인지를 알 수 있는 사람은 술수를 사용할 수 있지만 어떤 사람인지 도통 알 수 없는 사람에게는 모략가도 술수를 사용할 수 없다. 그래서 정치적인 일에서 타인에게 제어당하는 것보다 타인을 제어하는 것이 더 중요하다고 말하는 것이다. 사람을 제어한다는 것은 권력을 장악하는 것이고, 타인에게 제어당하는 것은 운명을 제압당하는 것이다. 그래서 성인의 전략적 방식은 깊이 숙고해 아무도 모르게 은밀하게 진행하지만 어리석은 사람의 방식은 성급하게 겉으로 모든 것을 드러낸다. 지혜로운 사람은 쉽게 일을 처리하는데 지혜롭지 못한 사람은 어렵게 일을 처리한다. 이것으로 보건대 이미 망하면 다시 소생시킬 수 없고 위태로워지면 다시 안정시킬 수 없다. 그러니 단지 현실 변화의 원리에 따르되 인위적으로 강제하지 않고, 때를 따르는 지혜를 귀하게 여길 뿐이다.

지모智謀는 대부분의 사람이 알 수 없는 곳에서 운용해야 하고 대부분의 사람이 볼 수 없는 것에서 작동될 수 있다. 그러나 일단 지모를 사용해 성공할 가능성이 있는 일은 자신이 골라 하니 그것은 스스로 할 수 있는 일이기 때문이고, 가능성이 없는 일은 골라 다른 사람이 하게 하니 그것은 다른 사람이 할 수 있는 일이기 때문이다. 그러므로 선왕의 도는 아무도 모르게 이루어진다. 옛말에 '천지의 변화는 높고 깊은 속에서 이루어진다. 성인이 도를 조절하는 것은 은밀하고 감추어진 곳에서 이루어진다'고 했다. 단지 충직과 신뢰와 사랑과 정의만이 중요한 것이 아니라 그것들을 현실 조건에 합당하도록 만드는 시의적절한 올바름이 중요할 뿐이다. 도리가 이러한 뜻에 통달했을 때 함께 얘기할 수 있을 것이다. 그리고 이것을 체득할 수 있다면 멀고 가까운 곳에서 각종의 전략을 함께 이룰 수 있다.

凡謀有道, 必得其所因, 以求其情. 審得其情, 乃立三儀. 三儀者, 曰上, 曰中, 曰下, 參以立焉, 以生奇. 奇不知其所壅, 始于古之所從. 故鄭人之取玉也, 載司南之車, 爲其不惑也. 夫度材量能, 揣情者, 亦事之司南也.

故同情而相親者, 其俱成者也, 同欲而相疏者, 其偏害者也. 同惡而相親者, 其俱害者也, 同惡而相疏者, 偏害者也. 故相益則親, 相損則疏. 其數行也, 此所以察同異之分. 故牆壞於其隙, 木毀於其節, 斯蓋其分也. 故變生事, 事生謀, 謀生計, 計生議, 議生說, 說生進, 進生退, 退生制, 因以制於事. 故百事一道而百度一數也.

夫仁人輕貨, 不可誘以利, 可使出費. 勇士輕難, 不可懼以患, 可使據危. 智者達于數, 明於理, 不可欺以不誠, 可示以道理, 可使立功. 是三才也. 故愚者易蔽也, 不肖者易懼也, 貪者易誘也, 是因事而裁之. 故爲强者, 積於弱也. 爲直者, 積于曲也, 有餘者, 積於不足也. 此其道術行也.

故外親而內疏者, 說內, 內親而外疏者, 說外. 故因其疑以變之, 因其見

以然之．因其說以要之．因其勢以成之．因其惡以權之．因其患以斥之．摩而恐之．高而動之．微而證之．符而應之．擁而塞之．亂而惑之．是謂計謀．

計謀之用．公不如私．私不如結．結而無隙者也．正不如奇．奇流而不止者也．故說人主者．必與之言奇．說人臣者．必與之言私．其身內．其言外者疏．其身外．其言深者危．無以人之所不欲而強之於人．無以人之所不知而教之於人．人之有好也．學而順之．人之有惡也．避而諱之．故陰道而陽取之也．

故去之者從之．從之者乘之．貌者．不美又不惡．故至情託焉．可知者．可用也．不可知者．謀者所不用也．故曰事貴制人．而不貴見制於人．制人者．握權也．見制於人者．制命也．故聖人之道陰．愚人之道陽．智者事易．而不智者事難．以此觀之．亡不可以為存．而危不可以為安．然而無為而貴智矣．

智用於衆人之所不能知．而能用於衆人之所不能見．旣用．見可．否擇事而為之．所以自為也．見不可．擇事而為之．所以為人也．故先王之道陰．言有之曰．'天地之化．在高與深．聖人之制道．在隱與匿．' 非獨忠信仁義也．中正而已矣．道理達於此之義．則可與言．由能得此．則可與穀遠近之誘．

11장 결단(決)

　어떤 일을 결단한다는 것은 반드시 의심에 근거하고 있다. 사람은 행복해지기를 바라고 재앙에 빠지는 것을 싫어한다. 그래서 상대를 잘 유도하기만 하면 결국에는 의혹과 편견을 없앨 수 있다. 상대를 결단하도록 만들려면 이익이 있어야 한다. 이익을 없애버리면 상대는 말을 듣지 않으니 기발한 모략에 의탁해야 하는 것이다. 만약 사람들이 좋아하는 측면에서 이익이 있는 것일지라도 그것을 사람들이 싫어하는 것 속에 감추어 말하면 사람들은 받아들이지 않을 것이고 더욱 소원한 관계가 될 것이다. 그래서 결국 상대에게 이익을 주지 못하고 심지어 해를 주기까지 하면 이는 일을 망치는 것이다.
　성인이 그 일을 이룰 수 있는 방법에는 다섯 가지가 있다. 하나는 공개적으로 드러나게 덕을 베푸는 것이다. 하나는 은밀하게 해치는 것이다. 하나는 신뢰로 상대와 진실한 관계를 갖는 것이다. 하나는 거짓된 정보를 가지고 상대를 미혹시키는 것이다. 하나는 평범하게 평소대로 대하는 것이다. 공개적인 방식으로 일을 처리할 때는 정직하고 일관되게 말하는 데에 힘써야 하고, 은밀하게 일을 처리할 때는 두 가지 말을 모호하게 말하는 데에 힘쓰되, 평범하게 평소대로 대하는 방식을 중심적인 태도로 사용하고, 나머지

네 가지는 이를 바탕으로 미묘하게 사용하면 좋다. 여기에 지나간 일을 헤아리고 앞으로 일에 증험해서 이것을 평상시의 일과 참조 비교해 이치에 적절하다 싶으면 결단을 내린다. 군주나 제후, 대신에 대한 일은 당당하고 아름다운 명성을 이룰 수 있는 것으로 이치에 적절하다 싶으면 결단을 내리고, 힘을 많이 쓸 필요가 없이 쉽게 이룰 수 있는 일로 이치에 적절하다 싶으면 결단을 내리고, 힘을 들이고 괴로움을 당하지만 부득이 하게 해야만 할 일로 이치에 적절하다 싶으면 결단을 내리고, 환란을 없애는 일로 이치에 적절하다 싶으면 결단을 내리고, 행복을 좇는 일로 이치에 적절하다 싶으면 결단을 내린다.

그래서 정보를 파악하고 의심을 해소하는 것이 모든 일을 처리할 수 있는 기틀이다. 이로써 혼란한 세상에 질서를 세우고 성공과 실패가 결정되니, 매우 어려운 일이다. 그러므로 성인은 시초와 거북을 사용해서 스스로 결단했던 것이다.

凡決物, 必託於疑者. 善其用福, 惡其有患. 善至於誘也, 終無惑偏. 有利焉, 去其利則不受也, 奇之所託. 若有利於善者, 隱託於惡, 則不受矣, 致疏遠. 故其有使失利者, 有使離害者, 此事之失.

聖人所以能成其事者, 有五. 有以陽德之者, 有以陰賊之者, 有以信誠之者, 有以蔽匿之者, 有以平素之者. 陽勵於一言, 陰勵於二言, 平素・樞機以用, 四者, 微而施之. 於是度之往事, 驗之來事, 參之平素, 可則決之. 王公大人之事也, 危而美名者, 可則決之, 不用費力而易成者, 可則決之, 用力犯勤苦, 然不得已而爲之者, 可則決之, 去患者, 可則決之, 從福者, 可則決之.

故夫決情定疑, 萬事之基, 以正治亂, 決成敗, 難爲者. 故先王乃用蓍龜者, 以自決也.